［英］温斯顿·丘吉尔—著　　李国庆等—译

CHURCHILL'S MEMOIRS OF WORLD WAR II

丘吉尔二战回忆录

攻守易形

SPM 南方传媒　广东人民出版社

·广州·

图书在版编目（CIP）数据

攻守易形 /（英）温斯顿·丘吉尔著；李国庆等译.
广州：广东人民出版社，2024.8. --（丘吉尔二战回忆
录）. -- ISBN 978-7-218-17974-2

Ⅰ. K835.617=5；K152

中国国家版本馆 CIP 数据核字第 2024L776Y0 号

QIUJI'ER ERZHAN HUIYILU · GONGSHOU YIXING

丘吉尔二战回忆录·攻守易形

[英]温斯顿·丘吉尔 著　李国庆等 译　　　　版权所有　翻印必究

出 版 人：肖风华

责任编辑：范先鋆　胡吕乔
责任技编：吴彦斌
封面设计：贾　莹

出版发行：广东人民出版社
地　　址：广州市越秀区大沙头四马路 10 号（邮政编码：510199）
电　　话：（020）85716809（总编室）
传　　真：（020）83289585
网　　址：http://www.gdpph.com
印　　刷：三河市人民印务有限公司
开　　本：787 毫米 × 1092 毫米　1/16
印　　张：11　　字　数：158 千
版　　次：2024 年 8 月第 1 版
印　　次：2024 年 8 月第 1 次印刷
定　　价：58.00 元

如发现印装质量问题，影响阅读，请与出版社（020-87712513）联系调换。
售书热线：（020）87717307

《丘吉尔二战回忆录》 译者

（排名不分先后）

李国庆	张　跃	栾伟霞	曾钰婷	刘锡赟	张　妮
李楠楠	汤雪梅	赵荣琛	宋燕青	赖宝滢	张建秀
夏伟凡	王　婷	江　霞	王秋瑶	郑丹铭	姜嘉颖
郭燕青	胡京华	梁　楹	刘婷玉	邓辉敏	李丽枚
郭轶凡	郭伊芸	韩　意	李丹丹	晋丹星	周园园
王瑨珽					

战争时： 意志坚定
战败时： 顽强不屈
胜利时： 宽容敦厚
和平时： 友好亲善

致　谢

　　我必须再次向协助我完成前几卷的各位致以友好的谢意；他们是陆军中将亨利·波纳尔爵士、艾伦海军准将、迪金上校、爱德华·马什爵士、丹尼斯·凯利先生和伍德先生。我也再次向审阅过原稿并提出宝贵意见的其他人士表达最诚挚的谢意。

　　伊斯梅勋爵和其他朋友也不断给予我帮助。特此致谢！

　　撰写本卷①所需的某些官方文件王家版权归英王陛下政府文书局局长所有，承蒙英王陛下政府准许，这些官方文件的文本才得以复制，特此致谢。遵照英王陛下政府的要求，为了保密起见，本卷中所刊载的某些电文有所改动。但是这些改动并未改变原有内容。

　　美国海军预备队塞缪尔·埃利奥特·莫里森上校所著关于海军战斗的一些书生动展现了美国舰队的作战行动，我在此也要向他表示谢意。

　　罗斯福财物保管理事会允许在本卷中引用总统的一些电文，还有其他好友同意发表其私人信件，均一并致谢。

---

　　①　原卷名为"命运的转折"，现分为《陈兵太平洋》《进犯南亚》《攻守易形》《营救非洲》《非洲的胜利》《形势逆转》六册。——编者注

前　言

就我亲眼所见，在"铁血风暴""最光辉的时刻"和"伟大的同盟"各卷①中我曾讲述过引发第二次世界大战的几个重大事件：纳粹德国征服欧洲，德国进攻苏联、日本对美国发动猛攻后才使得苏联和美国成为我们的盟国，我军才不再孤军奋战。

岁末年初之时于华盛顿，我和罗斯福总统在海陆军顾问的支持下宣布建立伟大同盟，并为未来作战制定主要策略。现在我们必须应对日本的进犯。

这就是 1942 年 1 月 17 日，我刚刚抵达普利茅斯的情况，本卷（《陈兵太平洋》《进犯南亚》《攻守易形》《营救非洲》《非洲的胜利》《形势逆转》）所要讲述的内容也由此开始。本书依然从英国首相的立场出发，同时因我兼任国防大臣而在军事上负有特殊使命。另外，我仍然倚重一系列的指令、电报和备忘录，这些材料在成文的时刻具有重大意义和利害关系。我也想不出更好的言辞去重述。这些原始文件都是在紧急事件发生时由我口授的，既出自于我手，我希望大家可以通过这些真实材料来评断我的功过。事后诸葛亮很容易，但我还是希望历史学家能深思熟虑，在适当的时候给出一个评价。

我之所以把这一卷称为"命运的转折"，是因为在这一时期我们从接连战败变得战无不胜。在前六个月中，诸事不顺；但在后六个月中，一切顺利。而且，这一可喜的转变一直持续到了战争结束。

温斯顿·丘吉尔

于肯特郡，韦斯特勒姆，恰特韦尔庄园

1950 年 1 月 1 日

---

① 现分为十四册。——编者注

目 录
CONTENTS

ONE

美国海战胜利——珊瑚海和中途岛战役

尼米兹海军上将在珊瑚海集结全部兵力——日军登陆图拉吉岛——5月7日的首次交锋——空中格斗——海军史上的第一次航空母舰战役——厄运降临美方——攻击与反攻击——弗莱彻与斯普鲁恩斯海军少将的杰出战术——双方形势极为凶险——日军四艘航空母舰被击毁——太平洋战役转折点——美方乘胜追击——美军赢得的辉煌胜利

太平洋战场险况频发，整个战局受到影响。到3月底，日军第一阶段作战计划大获全胜，甚至连作战计划制定者也感到吃惊。日军已经占领中国香港、暹罗、马来亚以及荷属东印度群岛的广大区域，正进一步向缅甸腹地深入。在菲律宾群岛，美国依旧在科里几多尔苦战，但突围无望。

日本人为取得的胜利兴奋到了极点。他们越来越认为西方强国不愿意和他们决一死战，这使他们对已取得的军事胜利更加自豪，也更加相信领导阶层。日军已经站在战前精心计划选定的进军边界上。这个广袤的区域蕴藏着丰富的资源和物产，日军在此能够巩固战果，也能培养刚刚因胜利而获得的力量。根据他们之前制定的长期作战计划，现阶段为一个休整期，用以抵抗美国的反击，或者组织下一步的进攻。不过此时捷报频传，日军领导人认为天赐良机已经到来，决不能辜负。这样的想法不仅仅是因为被胜利冲昏了头脑，也是经过认真的军事推理分析。是应该全力巩固刚刚攻下的外围地区，还是应该出于防卫需要而大举向纵深处进攻？对日军来说，应该从战略上权衡得失。

东京方面经过深思熟虑，采取了更加狂妄的作战计划，他们决定

继续向外扩张，把阿留申群岛西部、中途岛、萨摩亚、斐济、新喀里多尼亚以及新几内亚南部的莫尔斯比港也包括在内。这个扩张计划直接威胁到美国主要的海军基地珍珠港。如果进一步扩张，美国与澳大利亚相互来往的交通线也将被切断，日本可能得到非常适合进一步发动攻击的基地。

日本最高指挥部在制订与执行计划时展现出他们的谋略与胆识。不过，他们在制订计划之初并没有考虑到世界各国真正的实力，没有看到美国巨大的潜力。此时，日军依然坚信希特勒能够在欧洲大获全胜。日军骨子里流淌着称霸亚洲的血液，想无限扩张，创造他们的辉煌。这就让他们陷入一场赌局——即使大获全胜，他们扩张的果实也不过维持一年；但如果失败，随之而来的是一年内一切尽失。实际的结果是，他们用自己非常强大的力量控制了一大片松散的领土；如果日军在外围地区失利，他们会发现没有力量在内部和中心区域组织连贯的防御。

尽管如此，眼下没人能肯定德国不会击败苏联，或者将苏联赶到乌拉尔山后打个回马枪，转而入侵英国。或者德军也可能会占领高加索地区以及波斯，然后就能和日军在印度会师。为了不出现这样的局面，美军必须取得一场海战的决定性胜利，就算不能取得太平洋的全部制海权，也要获得太平洋地区的优势。但是我们依然对胜利充满信心。如前所述，我一直相信，只要我方增援 5 月抵达大西洋，美国就能在太平洋重新掌握制海权。我们的信心仅建立在对美英新建造的大批战列舰、航空母舰和其他各类舰只的计算上。现在，有必要用简洁的文字描述这场宏伟壮观、异乎寻常的海战，正是这场海战无可辩驳地肯定了上述宏伟的业绩。

*　　　*　　　*

1942 年 4 月底，日本最高指挥部开始新一轮扩张政策，包括占领莫尔斯比港和图拉吉岛，该岛位于所罗门群岛南部，与面积较大的瓜

达尔卡纳尔群岛相望。占领莫尔斯比港就完成了征服新几内亚的第一阶段任务，同时也进一步确保了位于新不列颠岛的拉包尔海军前沿基地的安全。这样一来，日军便可从新几内亚和所罗门群岛开始对澳大利亚形成包围之势。

美国情报系统很快就掌握了日军在这些海面集结的情况。美军观察到日本海军在加罗林群岛的主基地——特鲁克的拉包尔集结，显然要南行。他们甚至能推测得出日军将在5月3日开始行动。这时候，美国的航空母舰正分散各地执行任务，其中包括杜利特将军4月18日对东京发动的英勇且惊人的空袭。空袭打得正是时候，确实影响到日军新政策的制定。

尼米兹海军上将一意识到南面有威胁就立刻调集了珊瑚海附近实力最强的舰队。弗莱彻海军少将率领"约克顿"号航空母舰和三艘重型巡洋舰已在南部海域集结待命。5月1日，菲齐海军少将率领"莱克辛顿"号航空母舰与两艘巡洋舰从珍珠港赶来与弗莱彻少将会合。三天后，英国海军少将克雷斯率领另一支分舰队前来会合，这支队伍包括澳大利亚巡洋舰"澳大利亚"号、"霍巴特"号以及美国巡洋舰"芝加哥"号。能够马上投入作战的其他航空母舰有参与过空袭东京行动的"企业"号与"大黄蜂"号，尽管这两艘航母奉命尽快南行，但直到5月中旬才能与弗莱彻的舰队会合，然而战事在它们到达前就开始了。

5月3日，弗莱彻的舰队在瓜达尔卡纳尔以南四百英里处加油时获悉敌军已经在图拉吉岛登陆，目标显然是要立即建立一个水上空军基地，用以监视珊瑚海的东面入口。鉴于这个前哨基地明显受到威胁，少数澳大利亚守军两天前就撤退了。弗莱彻仅带着自己的分舰队立即攻打岛屿。菲奇的分舰队仍在加油。第二天一大早，"约克顿"号上的飞机对图拉吉岛进行了猛烈轰炸。不过，日军掩护舰只已经撤退，只留下几艘驱逐舰和一些小型舰只。因此，战果不尽如人意。

接下来的两天风平浪静，但是明显大战在即。加完油后，弗莱彻的三支分舰队一起驻扎在新几内亚西北海面。他知道入侵莫尔斯比港

的日军已经离开拉包尔，可能在 7 日或 8 日穿过路易西亚德群岛的约马德峡。他也清楚敌方三艘航空母舰就在附近，只是不知道确切位置。日军的突击部队是"瑞鹤"号与"翔鹤"号航空母舰，由两艘重型巡洋舰支援，从特鲁克岛出发，沿所罗门群岛东端南下，正好不在空中侦察范围内。这些舰只于 5 日晚上从东部进入珊瑚海，6 日逼近弗莱彻的舰队，傍晚一度只相距七十英里，但都不知道彼此的存在。夜间，两支队伍渐行渐远。7 日早晨，弗莱彻到达路易西亚德群岛以南的既定位置，准备打击敌军。他派遣克雷斯的队伍前去控制约马德峡的南出口，预计当天敌人会在这里出现。克雷斯很快被发现，下午接连遭到几波岸基鱼雷的猛攻，攻势之猛烈不逊于击沉"威尔士亲王"号与"却敌"号的火力。由于我们处理得当，加上运气好，没有舰只被击中，克雷斯继续前往莫尔斯比港，听到敌军折返的消息后向南挺进。

与此同时，敌方舰队仍没有确切消息，弗莱彻感到不安。黎明时分，他下令开始大规模搜查，到上午八时十五分终于收到报告称在路易西亚德群岛北面发现两艘航空母舰和四艘巡洋舰。其实发现的敌舰并非主力，只是实力较弱的护航舰，负责掩护运输舰，其中包括轻型航空母舰"翔凤"号。弗莱彻还是全力打击，耗时三小时击沉"翔凤"号，使敌军丧失了空中掩护力量而折回。因此，计划开往莫尔斯比港的运输船只无法进入约马德峡，在最后下令撤退前，一直滞留在路易西亚德群岛的北部。

*　　*　　*

敌军知道了弗莱彻的行踪，他现在处境危险，随时可能遭到攻击，但他的主力要到下午才能重新武装好投入下一场战斗。幸运的是当天浓云密布，天气越来越恶劣，而且敌人没有雷达。其实，日军就在东面有效打击范围内。下午日军发动进攻，但狂风大作，天色黑暗，飞机无法找到目标，无功而返时，它们经过弗莱彻的队伍，并被雷达发现，于是战斗机立刻升空拦截，夜色渐浓，在一片混乱中，无数敌机

被击落。敌军出发执行任务的二十七架轰炸机只有极少数返航参加第二天的战斗。

双方都知道彼此相距很近，都在考虑用水面舰艇部队趁夜间袭击，但也都觉得太冒险。因此，夜间两支队伍再一次分道而行。8日早上，天气变得对日军有利。这次日军有低云层掩护，而弗莱彻的舰队暴露在灿烂的阳光下。捉迷藏游戏再次开始了。上午八时三十八分，侦察机从"莱克辛顿"号起飞，最终定位了敌人的行踪。几乎同时，拦截信号清楚地表明敌军也看到了美军的航空母舰。一场势均力敌的全面战斗就此开始。

上午九时以前，美军八十二架飞机作为突击队起飞，九时二十五分全部升空飞往目的地。就在同一时间段，日军出动六十九架飞机进行了同样的打击。美军在上午十一时左右展开攻势，而日军则是二十分钟后开始。到十一时四十分，战斗结束。美军因低云层遮挡打击目标行动受阻。当美军发现目标时，这艘航空母舰却开进狂风暴雨中寻求掩护，于是所有的火力集中打击另一艘航空母舰——"翔鹤"号，"翔鹤"号身中三弹并且起火，但是我们错误地估计了它损坏的程度，该舰仍能驶回日本修理。"瑞鹤"号安然无恙。

与此同时，日军在万里晴空向"约克顿"号和"莱克辛顿"号发动攻击。"约克顿"号几乎巧妙地躲开了所有攻击，却被附近的炸弹击中。炸弹造成严重伤亡，"约克顿"号起火，但火势很快得以控制，作战能力几乎未受到影响。不是很灵活的"莱克辛顿"号就没这么幸运了，两三枚炸弹和两枚鱼雷击中了它。战斗快结束时，它已身陷火海，左舷倾斜，三个锅炉室被海水淹没。经过一番英勇救助后，火势得到控制，倾斜也得到调整，"莱克辛顿"号很快就能以二十五海里的时速航行了。这是历史上第一次航空母舰的激烈对决。战后统计，美国损失三十三架飞机，日本损失四十三架飞机。

* * *

如果珊瑚海战事就此结束，那么优势显然在美国这边。美军击沉轻型航空母舰"翔凤"号，重创"翔鹤"号，还让原计划进攻莫尔斯比港的军队折返。美军自己的两艘航母状况良好，到目前为止，损失的仅是一艘舰队油轮及其护航驱逐舰，这些舰只在前一天被日本航空母舰击沉。但是现在灾难降临在他们身上。战斗结束一小时后，"莱克辛顿"号内部爆炸，剧烈摇晃，船舱底部起火，火势蔓延，难以控制，全力抢救也无济于事。就在当晚没有造成更多人员伤亡的情况下，"莱克辛顿"号被弃，之后被一枚美国鱼雷击沉。交战双方都从珊瑚海撤军，都宣称自己获胜。日方措辞强硬，在其宣传中声称他们不仅击沉了弗莱彻海军少将的两艘航空母舰，还击沉了一艘战列舰和一艘巡洋舰。但这次战斗后日军的行动显然与他们的宣传相悖。尽管通往莫尔斯比港的航线畅行无阻，日军却将行动推迟到 7 月。到了那个时候，形势全变了，他们放弃了原来的作战计划，改为从已经占领的新几内亚基地向陆路推进。这些日子标志着日军沿海路挺近澳大利亚受到限制。

对美军来说，保存航空母舰战斗群的实力是头等大事。尼米兹海军上将非常清楚，北方将发生大规模战事，需要他投入全部军力。他对于目前阻止日军进入珊瑚海的行动十分满意，并立刻将他的全部航空母舰，包括"企业"号和"大黄蜂"号召回珍珠港，然后快速出动与弗莱彻的舰队会合。美军做得非常明智的一点是直到中途岛海战结束才公布"莱克辛顿"号被击沉的消息。这点日军显然不知情，一直暗中搜集情报。

此次美日遭遇战所产生的影响与其战术上的重要性不相称。从战略上讲，这是第一次打败日本，令人愉悦。但是在这样的海战中水面舰艇部队也是第一次没有互相开火，尚属海战中首次。它将战争的机会与危险带上了新高度。胜利的消息传遍全世界，令人鼓舞，同时也

给澳大利亚、新西兰以及美国人民带去了莫大的安慰和鼓舞。以沉重代价换来的战术方面的教训很快被应用到中途岛战役中且取得不俗战绩。中途岛海战就要拉开帷幕了。

* * *

挺进珊瑚海只是日本扩张政策的第一步。就在珊瑚海进军过程中，日本海军总司令山本就打算在中太平洋地区和美军一决高下。山本意图占领中途岛及其机场，这样就能威胁到位于其东面一千英里外的珍珠港，甚至可能占领珍珠港。与此同时，他还派了牵制部队前往阿留申群岛西部占领有利据点。经过周密的安排，山本希望首先把美国舰队引到北面去应对阿留申群岛的威胁，这样他就能腾出手以主力攻占中途岛。他希望待美军武力干涉时，他们已经占领中途岛并且准备好以优势兵力反击。中途岛是珍珠港的前哨，对美国极为重要，日军的这些行动使大战不可避免。山本很自信，他决心迫使美军加入这场决定性的战斗中。同时他优势明显，特别是拥有快速战列舰，歼灭敌军的概率非常大。这就是山本向他的部下南云海军大将下达的大致计划。但是这个计划完全取决于尼米兹海军上将是否中计，同样也取决于他本身是否会遭遇突袭。

但是美军指挥官机警而活跃。他有情报，消息灵通，情报详细到日军实施打击的具体日期。尽管美军指挥官还不十分肯定袭击中途岛的计划是否是为了掩盖占领阿留申群岛的行动（此举预示着进军美国大陆），但进攻中途岛的可能性更大，该岛面临的危险也更大，他毫不犹豫地将主力调至中途岛。他主要担心为数不多的几艘航空母舰，无论如何也比不上南云大将手下那四艘航母，它们战斗经验丰富，从珍珠港至锡兰一路战功显赫。南云舰队中有两艘已转向珊瑚海，其中一艘受损；而尼米兹损失了"莱克辛顿"号，"约克顿"号也受到重创，"萨拉托加"号修好后尚未归队，"黄蜂"号救助完马耳他岛后仍在地中海附近。只有"企业"号和"大黄蜂"号从南太平洋日夜兼程地往回航行，"约克顿"号要是能及时修好，也可参战。离尼米兹海军上将最近的战列舰在圣弗朗西斯科，而且速度跟不上航空母舰。但是山本有十一艘战列舰，其中三艘是全世界最强最快的。尽管美国胜算渺茫，但尼米兹能依靠从中途岛调来的强有力的空中支援。

*   *   *

日军海军主力从5月的最后一个星期开始驶离基地。阿留申的牵制舰队先出发，准备在6月3日攻击荷兰港，并将美军引到这个方向。接着，登陆部队夺取位于西边的阿图岛、基斯卡岛与阿达克岛。第二天（6月4日），南云率领四艘航空母舰向中途岛发起攻击，6月5日登陆部队占领中途岛。他们预计美军不会顽强抵抗。届时，山本的作战舰队将位于西部的后方，超出空中侦察范围，随时准备迎击美军的反攻。

这是仅次于珍珠港事件的危急时刻。"企业"号与"大黄蜂"号航空母舰于5月26日从南部抵达。次日，"约克顿"号也到了。"约克顿"号原本要三个月才能修好，但是由于危机出现，四十八小时内就修理完毕并立刻参战，同时重新装备了一支航空大队。"约克顿"号于30日再次启航去和斯普鲁恩斯海军少将的舰队会合。斯普鲁恩斯两天前率领两艘航空母舰先行离开，而弗莱彻海军少将仍担任混合舰队的战术总指挥。中途岛的机场上停满了轰炸机，防卫该岛的地面部队也处于高度警戒的状态。及早获得敌人来犯的情报至关重要，美军侦察机从5月30日开始从未停止工作，潜艇负责侦察中途岛的西面和北面。四天的时间在焦虑不安中度过。6月3日上午九时，一架"卡塔利娜"式水上飞机在距中途岛西面七百多英里处巡逻，发现十一艘日军舰只，于是马上开始轰炸并使用鱼雷攻击，但失败了。只有一枚鱼雷命中油轮。战斗已经开始，我们也清楚掌握了敌军的意图。根据情报，弗莱彻海军少将确信敌方航空母舰将从西北方向折返中途岛。第一次收到有关敌军踪迹的报告后他并未立即出发，因为他断定看到的

不过是一批运输舰。4 日一大早，他率领航空母舰到达提前选定地点——中途岛北部二百英里处，只要南云的部队一出现就猛烈攻打其侧翼。

6 月 4 日，天气晴好。早上五时三十四分中途岛巡逻机终于发出等待已久的信号：日军航空母舰正逼近中途岛。越来越多的报告不断传来。日军飞机飞向中途岛，战列舰护卫着航空母舰。早上六时三十分，日军发动猛烈攻击，美军顽强抵抗，消灭了日军三分之一的兵力。尽管此次空袭造成的损失巨大，伤亡无数，但是机场还能正常使用。美军还有时间反击南云的舰队。敌方具有压倒性优势的战斗机受到重创，本来日军对此次进攻抱有极大希望，可是结果事与愿违。猛攻分散了注意力，似乎影响到日本指挥官的判断。日军飞行员也一再告诉指挥官有必要再次攻击中途岛，但南云把足够数量的飞机留在了航空母舰上，以备美军航空母舰突然出现。但是，他觉得美军飞机不会来，因为他的侦察效率不高，一开始时就一无所获。现在日军指挥官决定打乱为迎击美机而设的编队，然后重新武装，再次进攻中途岛，所以无论如何，必须清理飞行甲板让第一批发动攻击的飞机顺利降落。然而事后证明这个决定是致命的。尽管南云后来得知，包括一艘航空母舰在内的美国舰队在东部出现，但为时已晚。他的飞行甲板上堆满了正在重新加油和装弹的轰炸机，无法使用，注定被美军猛烈攻击。

＊　　＊　　＊

早些时候，弗莱彻与斯普鲁恩斯海军少将经过冷静分析，已经部署好在关键时刻加入战斗的兵力。他们一大早就截获了大量的情报。上午七时，"企业"号与"大黄蜂"号上除了执行防御任务所必需的飞机外，几乎全部出动。"约克顿"号上的飞机一直都在执行早间侦察任务，虽因起降而耽误时间，但其攻击机群仍在九时后升空。那时另外两艘航空母舰上的第一波机群已接近打击目标。敌军附近云遮雾罩，俯冲式轰炸机起初也没能找到目标。"大黄蜂"号上的机群不知敌人已经离开，一直没有找到目标，因而错过了战斗。这样的不幸导致第一轮进攻仅由三艘航空母舰的鱼雷轰炸机群进行，尽管表现英勇，但敌我实力对比悬殊，最终还是失败了。参战的四十一架鱼雷轰炸机仅有六架返航。鱼雷轰炸机的英勇作战得到了回报。当日军把全部注意力和可用的全部战斗机对准他们的时候，"企业"号和"约克顿"号上的三十七架俯冲式轰炸机升空作战。他们几乎没有遇到抵抗，炸弹击中南云最好的战舰——"赤城"号及其姊妹舰"加贺"号；与此同时，"约克顿"号上的另一波由十七架战斗机组成的机群开始进攻"苍龙"号。短短几分钟，这三艘航空母舰的甲板便成了屠宰场，堆满了正在燃烧爆炸的飞机。航空母舰下方大火熊熊燃烧。很明显，这三艘航空母舰注定难逃厄运。南云海军大将只能把司令旗帜挂到一艘巡洋舰上，眼睁睁地看着自己统率的四分之三的精锐战舰被烧毁。

美军飞机过了中午才返航，虽被敌军击落飞机六十架，但战果颇丰。敌军只剩一艘"飞龙"号航空母舰，仍决定让它立刻投入战争，为太阳旗的荣誉而战。正当返航的美军飞行员在"约克顿"号上讲故事的时候，日军进攻的消息传来了。据报告称敌方约有四十架飞机，来势汹汹。尽管敌机被战斗机和炮火重创，"约克顿"号还是被三枚炸弹击中，虽受损严重但舰上的大火被成功控制。这艘航空母舰坚持航行了两小时，随后遭到"飞龙"号的鱼雷攻击。经过这次致命攻击，"约克顿"号依旧在海上漂浮了两天，但最终还是被日本潜艇击沉。

"约克顿"号沉没前美军就开始报复行动了。下午二时四十五分发现"飞龙"号，一小时内，从"企业"号上起飞的二十四架俯冲式轰炸机便飞向"飞龙"号。下午五时，战斗开始，"飞龙"号很快就被烧得只剩残骸，并于次日早上沉入大海。南云四艘航空母舰中的最后一艘也被击沉，所有训练有素的飞行员一并葬身大海。此次战役于6月4日正式结束，日军的损失难以挽回，所以这次战役被看作太平洋战争的转折点。

*　　*　　*

　　胜利的美军指挥官还要面对其他危险。日本海军总司令仍有可能率领强大的作战舰队再袭中途岛，但美国空军力量已消耗殆尽。一旦山本选择继续进军，美军没有重型舰只应战。不清楚敌军实力，也没有重型舰护卫，现任航母舰队指挥官的斯普鲁恩斯海军少将决定不再向西追击。毫无疑问，斯普鲁恩斯海军少将的决策是正确的。不过，山本海军总司令没有采取扭转命运的行动，令人费解。一开始，他坚决要进军，并且命令四艘实力最强的巡洋舰在6月5日清晨轰炸中途岛。与此同时，另外一支实力强劲的队伍向东北方向行军。因此，如果斯普鲁恩斯选择追击南云残部，可能会遭遇一场灾难性的夜战。但日军司令官夜间突然改变决策，6月5日凌晨二时五十五分下令全部撤退。撤军原因不太清楚，但毫无疑问，四艘宝贵的航空母舰出乎意料地遭到灭顶之灾，这件事深深地影响了他的决策。灾难再次降临在他的身上。两艘前去轰炸中途岛的重型巡洋舰为了躲避美军潜艇而相撞，都遭到严重损坏，撤退时一开始便被甩在了后面。6月6日，这两艘失去战斗力的军舰遭到斯普鲁恩斯的飞行员轰炸，一艘直接被击沉，另一艘也很快沉没。久经沙场的"最上"号巡洋舰最终成功驶抵本土。

　　正如日军悄悄潜进岛屿一样，在占领了阿留申群岛西部的阿图岛和基斯卡岛后，他们又悄无声息地撤退了。

*　　*　　*

　　此时反思日军作战指挥对我们是有益的。一个月内，日本海空军两次部署作战，积极进取，决心坚定。每次空军失利，他们都会放弃目标，尽管每次目标都近在咫尺。中途岛之战日本的海军名将山本、南云和近藤等人都参与了作战计划的制订，并指挥了这些英勇而庞大

的作战行动，日军四个月内就摧毁了同盟国的远东舰队，并成功地将英国的东方舰队赶出印度洋。整个作战过程显示：如果一个舰队失去了空中掩护，与基地相距几千英里，又在对手的攻击范围内，且对手的主要军事力量又都是航空母舰，且其空军完好无损，那就不能冒险停留。这就是山本从中途岛撤退的原因。由于缺少空中支援，再加上该岛有空军防卫，面积又小，奇袭是绝不可能的，前去攻击无异于以卵击石。

日军的作战计划僵化，不知变通。战事一旦不按计划进行，就倾向于放弃目标。之所以这样，是因为日语本身烦琐，不够精确，所以使得临时使用信号通讯非常困难。

另外还有一个教训十分明显。美国情报系统在事发前就已经破解了敌军的最高机密。所以，尽管尼米兹海军上将力量较弱，也还能够两次在正确的时间和地点集结所有兵力全力对敌。战斗来临时，这一点被证明是具有决定性意义的。保密的重要性以及泄密的恶果在这场战争中充分显露。

* * *

这场值得纪念的胜利不仅对美国，也对同盟国的事业极其重要。经此一战，盟军士气大振，日军在太平洋的优势也丧失殆尽。日军引以为豪的优势，曾在长达六个月时间内让我们在远东的所有努力变成徒劳，如今永远不复存在。从这一刻起，我们要清醒而自信，集中精力进攻敌人。我们不会再考虑日军下次会向何处发动攻击，而是考虑我们在哪里进攻，从而收复被抢占的广大领土。这条道路是漫长且艰辛的，我们依然需要做好大量准备工作才能在东方获得胜利，不过最终胜利的归属是毫无疑问的。同时，我们在太平洋方面的种种需求，也不至于过分牵扯美国准备投入欧洲战场的兵力。

* * *

人类海战历史上，再也找不出比这两场战事更为激烈、更加扣人心弦的了。美国海军、空军以及美国这一伟大民族的优良品质得以彰显，发出灿烂光芒。空战创造的、新颖的、至今仍无法估量的作战局面使进攻速度和战场命运转折比以前更快。然而，美国的海军和空军战士的英勇和奋不顾身以及各级指挥官镇定熟练的指挥才是制胜的基础。日军舰队撤到遥远的本土港口之后，指挥官就已经知道，他们不仅损失了作战飞机和航空母舰，而且面对的敌人意志坚强、充满激情，足以和传统的日本武士道精神匹敌。除此之外，他们的对手还有无限的国力、人员以及科技的支持。

TWO

1942 年，北极护航运输船队

踏上通往苏联的北方航路——"提尔皮茨"号抵达特隆赫姆——供应物资堆积如山——P. Q.第十七号运输船队难逃厄运——第一海务大臣发出信号——巡洋舰和驱逐舰纷纷撤退——视线转至德军方面——运输船队的悲惨结局——即使战败也毫不气馁——另一条通往波斯的道路——斯大林大发雷霆,并做出粗暴回应——一次成功的护航行动及其后续发展——德国海军政策的主要危机

当苏联遭到希特勒攻击时,我们和美国能够帮助他们的唯一办法就是给他们输送武器和物资。这些武器和物资大都产自英美,还有一些原本是美国支援英国的军需品。帮助苏联使我们原本就急需补给的部队的装备受到严重影响,同时,面对日军迫在眉睫的进攻,也根本无力再做出任何卓有成效的准备。1941年10月,比弗布鲁克—哈里曼英美代表团访问莫斯科,决定向苏联提供大批救援物资,这个提议得到了英美两国政府的大力支持。运输救援物资的最快捷路线是海运,绕过北角,穿过北极航线抵达摩尔曼斯克,最后到达阿尔汉格尔斯克。根据协议,苏联政府负责派遣运输船在英美港口接收物资并运送回国。但我们提供的援助物资数量庞大,苏联运输船只不足,鉴于这种情况,英美立刻承担了四分之三的运输量。在开始的四五个月内,一切进展顺利,只有一艘船失踪,直到1942年3月,从挪威北部起飞的德国飞机和德国潜艇开始对运输船队进行严重的干扰。

我们对希特勒指挥部署德国海军的方式已有所了解,这年冬季希特勒把海军力量集中在挪威,以抵御英国的袭击,同时阻止英美供应物资和军需品运入苏联。为了确保万无一失,希特勒还从防御大西洋

的潜艇以及横贯大西洋的商船中抽调出一部分，用以防守挪威。我当时就说，就希特勒的处境而言，他的这些决定是大错特错了，因为这样一来，德国就无法派出大量的快速战舰发挥其巨大的攻击力，从而避免了增加潜艇战争的紧张局势的可能性，在这个生死存亡的危难关头，希特勒的这种做法让我和我的美国盟友们都感到十分高兴。尽管如此，随着北极运输船队不断遭受袭击，英国海军部的压力也与日俱增。

"提尔皮茨"号于1月驶往特隆赫姆，不久同"舍尔"号会合。3月，巡洋舰"希佩尔"号也会前来会合。这支水面舰艇部队还包括早些时候从布雷斯特开来的战列巡洋舰"沙恩霍斯特"号和"格奈森诺"号及与它们一起脱险的"欧根亲王"号。但是，"沙恩霍斯特"号和"格奈森诺"号均遭受我方鱼雷袭击，几个月内无法作战。维修之际又被飞机轰炸。2月27日夜间，"格奈森诺"号在基尔的船坞中被炸。我们后来才知道其损毁严重，不能再出海作战。只有"欧根亲王"号留下来了，同"舍尔"号一起与"提尔皮茨"号会合。但这艘军舰随即被英国潜艇"三叉戟"号上的鱼雷击中，勉强到达特隆赫姆。临时修理后驶回德国，直到10月才能作战。虽然现在特隆赫姆的海军力量只有希特勒原先计划的一半左右，但我们还是得密切关注。

P. Q.第十二号运输船队于3月1日驶离冰岛，"提尔皮茨"号奉命截击，但行踪被英国潜艇发现并进行了汇报。此时托维海军元帅正率领"英王乔治五世"号和航空母舰"胜利"号掩护运输船队，一听到消息，立即前去截击。德国侦察机没有发现运输船队，"提尔皮茨"号返回，托维海军元帅没能在其返航的路上成功拦截。3月9日，"胜利"号上的飞机发现了"提尔皮茨"号，于是鱼雷轰炸机马上出动。然而，"提尔皮茨"号还是成功地避开了所有鱼雷并在西弗尔特港找到临时栖身之处。因此，P. Q.第十二号运输船队安全抵达目的地。4月，P. Q.第十三号运输船队遭到德国飞机和驱逐舰的猛烈袭击，十九艘船中有五艘被炸毁，德军的一艘驱逐舰也被击沉，我们的"特立尼达"号巡洋舰被鱼雷击中后沉入大海。4月，美国特种舰队抵达斯卡

帕湾，其中包括最新式战列舰"华盛顿"号、航空母舰"黄蜂"号、两艘重型巡洋舰和六艘驱逐舰，这支队伍的到来大大增强了我军力量，占领马达加斯加指日可待。不过，运输船队将要面临的困难和危险也与日俱增。在4月和5月，又有三支运输船队前往苏联北部。第一支队伍在冰岛北部遭遇大面积浮冰，二十三艘船中的十四艘不得不返航。没有返航的九艘中，一艘沉入大海，其他八艘抵达目的地。第二和第三支运输船队遭到更加猛烈的进攻，共损失十艘船。虽然最终有五十艘船安全通过，但是巡洋舰"爱丁堡"号在这期间不幸被潜艇击沉。

到1942年3月底，英美交付的援助物资已远远超出了我们海运力量所能承担的极限，因此许多船只和援助物资都堵在了路上，华盛顿和莫斯科都发出急电，要求我们再想想办法。霍普金斯也为此给我来电。

首相致哈里·霍普金斯先生：

　　我已获悉运往苏联的物资堆积问题，感谢你发来的私人电报！

　　运输船队面临的形势严峻，因此我们审慎考虑了你提出的问题。我们能够在北方航线上派遣的全部运输船队、每支队伍能配备的货轮数量以及我们处理物资积压的提议都已告知哈里曼。希望你能对此表示赞同。同时，我们也会要求苏联尽可能地采取措施保护运输船队。

1942年4月26日

罗斯福总统致首相：

　　关于苏联物资运输的问题。您发给哈里的电报让我极为不安，我不仅担心这一问题对苏联造成的政治影响，更怕供应物资不能及时运至苏联。我们付出巨大努力运输物资，除非有迫不得已的原因，否则物资堆积、运输阻滞在我看来都是重大的战略失误。今晨，与庞德以及海军顾问谈话时，我了解到目前的处境极其困难。我确实非常希望您能仔细研究一下，要派多少运输船才能把当前堆积在冰岛的物资运走。在此期间，我将尽快做出调整。苏军即将遭到攻击，因此我非常希望不要在这个时候因为物资输送数量的问题与苏联达成新的谅解。在我看来，如果我们此时无论以什么理由向斯大林提出停止供应物资的要求，后果都会非常严重。

1942 年 4 月 27 日

罗斯福总统致前海军人员：

金海军上将今天和庞德取得联系，事态紧急，将于 5 月再派遣一支运输船队疏解已装载完毕或正在装载的运输船队所造成的航运阻滞。我非常希望这些船只不要在英国卸货或再次装货，因为我认为这会让苏联难以忍受，焦虑不安。我们面临的困难是，要在 6 月 1 日前把在英国和美国已经装货或正在装货的一百零七艘船开走。希望您能同意金的意见，在权衡利弊之后，我认为我们要牢牢把握此次机会，充分利用运输船只。

我们会监控从此处出发的船只装载量，确保在 6 月 1 日后经过各方协商而驶离冰岛的船只数量不超过我们运输系统的最大承载。我知道这绝非易事，但特别重要。因此，我希望您能同庞德仔细研究金的建议。

1942 年 4 月 30 日

尽管我们非常希望满足上述要求，但不可能做得到。

前海军人员致罗斯福总统：

1. 我们非常尊重您的意见，但事情已经超出我们的能力范围。金海军上将表示，我们横渡大西洋的护航队力量已经十分薄弱了。拟定的船只缩减预案将使运输船队在八个星期

内陷入持续混乱状态。在这期间，如果敌人从东部调转枪口，长驱直入大洋中心，那么我们的主要生命线将遭到灾难性的打击。

2. 不仅如此，苏联运输船队的问题不能仅靠反潜舰艇解决。敌军的重型舰只和驱逐舰可能会随时发动攻击，就连我们当前的这支运输船队也遭到了敌方驱逐舰的恶意袭击。击退敌人的同时自己的一艘舰只也遭受重创。我方性能最好的装备六英寸火炮的巡洋舰"爱丁堡"号也遭到潜艇的袭击，损坏严重，正被拖往摩尔曼斯克；上次海战受伤的"特立尼达"号也在那里。我刚刚收到报告，"英王乔治五世"号和我们的驱逐舰"旁遮普"号相撞。下沉过程中，"旁遮普"号上的一颗深水炸弹突然爆炸，同时炸伤了"英王乔治五世"号。因此，获取作战性能优良的水面舰只的难度至少不亚于反潜舰只。我们在特隆赫姆对"提尔皮茨"号发动过猛攻，但可惜的是，虽然接近目标，却没能造成任何损害。

3. 我恳求您，在此次行动中不要强迫我们做不明智的事情。我们已经全力关注，认真研究，但依然无法估量此事给我们造成的巨大压力。总统先生，我向您保证，我已经竭尽所能，无法再向海军部施压。

4. 从冰岛驶回的六艘船已抵达克莱德港，一到港就立即装货。根据以往经验，我们的最大限度也就是每两个月派出三个运输船队，每队配备三十五或二十五艘船。庞德另有电报给金海军上将。

1942 年 5 月 2 日

总统致前海军人员：

现在我们基本同意你们在苏联运输船问题上的观点，但我仍然希望运输船维持在三十五艘。我会向苏联提议降低物资要求，我们只供应必需品，因为我们需要调动一切现有的

军需品和船只为"波莱罗①"作战计划做准备。

1942 年 5 月 3 日

斯大林主席致丘吉尔首相：

　　我有一个请求。现在约有九十艘船被困在冰岛或者从美国前往冰岛的途中，船上装着运往苏联的各类重要战略物资。我了解到，因为英国海军难以为运输船队保驾护航，所以这些船只可能要被耽搁许久才能启程。

　　我完全了解组织护航队面临的重重困难，也很清楚英国为此做出的巨大牺牲。但是，我认为自己还是有责任要求你们尽可能地采取一切措施，确保上述物资能在 5 月运抵苏联，因为这批物资对前线非常重要。

　　请接受我衷心的祝福，顺祝成功。

1942 年 5 月 6 日

首相致斯大林主席：

　　我已收到 5 月 6 日的来电，感谢您带来的消息和祝福。我们决定疏通航道，将最大数量的战争物资运到苏联。由于"提尔皮茨"号及其他敌方水面舰只在特隆赫姆的活动，每艘船的每一次航行都是一场大战。尽管如此，我们还是会竭尽全力。

　　您的海军顾问肯定已经指出，从不同基地出发的敌军水面舰艇部队、潜艇和飞机在我们的运输航线两侧进行攻击，运输船队面临重重危险。我们投入现有的全部资源解决这个问题，因此严重削弱了大西洋护航船队的实力，想必您也知道，护航船队损失惨重。

　　我相信，您不会介意我的直白，也不介意我一直强调让

---

① 波莱罗，进攻法国的行动代号，后来成为"霸王"作战计划的基础。

苏联在海空军方面加强协助，只有这样，这些运输船才能安全航行。

1942 年 5 月 9 日

斯大林主席致首相：

　　来电收到。您答应最大限度地将战争物资运送到苏联，特写信表示感谢。我们非常了解英国为此所克服的重重困难，也明白在完成这项重大任务时所遭受的重大损失。

　　您提到让苏联的海军和空军采取更多有效措施保护运输船。请放心，我们会立即采取所有可能的措施。可是，必须考虑到我方海军军力有限，而且绝大多数空军在前线作战。

　　请接受我诚挚的问候。

1942 年 5 月 13 日

首相致伊斯梅将军，转参谋长委员会：

　　不仅斯大林主席，就连罗斯福总统也极力反对我们在这一刻中止船队的运输。苏联人正在前线浴血奋战，想让我们承担风险、做出贡献，并对因此而造成的代价负责。美国船只正排队等候命令。我很焦虑，觉得运输船必须在 18 日出发，即使只有半数船只通过，也可以证明行动是有必要的。如果我们不努力，就会削弱自己与两大主要盟友的关系。天气和运气充满变数，也许是我们的助力。我明白你的顾虑，但我认为这是一个责任问题。

1942 年 5 月 17 日

＊　　＊　　＊

正当我们竭尽所能时，P. Q. 第十七号运输船队的命运出现了恼人的插曲。船队由三十四艘商船组成，于 6 月 27 日从冰岛开往阿尔汉格尔斯克。六艘驱逐舰、两艘防空舰、两艘潜艇和十一艘较小的舰艇为之护航。由海军少将汉密尔顿指挥的两艘英国巡洋舰和两艘美国巡洋舰以及三艘驱逐舰能及时支援。在挪威北部海岸还部署了九艘英国潜艇和两艘苏联潜艇，以便在必要时对"提尔皮茨"号和德国巡洋舰发动攻击，至少警告敌舰不得靠近。最后，在西部派出由海军总司令托维率领的主要掩护力量——战列舰"约克公爵"号、"华盛顿"号，航空母舰"胜利"号，三艘巡洋舰和一支小巡逻舰队在附近巡逻警戒。

护航船队经过熊岛北部，浮冰群挡住去路，此时距德国空军基地三百英里。海军部命令汉密尔顿少将："不要率领巡洋舰队前往熊岛东部，除非船队遭到水面舰队威胁，而且他能够与之一战。"这显然表明并未安排汉密尔顿少将去攻打"提尔皮茨"号。此时，由海军总司令率领的重型舰驻守在距熊岛西北一百五十英里处，只要"提尔皮茨"号一出现就立刻打击，执行第一批任务的是"胜利"号航空母舰上的飞机。7月1日，运输船的踪迹暴露，此后一直被敌方空军尾随，并时常遭受袭击。7月4日早上，有一艘船被击沉，当晚又有三艘船被飞机发射的鱼雷击中。此时，运输船队已经距离熊岛一百五十英里。汉密尔顿少将有权酌情行事，没有离开运输船队。有消息称，"提尔皮茨"号已于3日下午前离开了特隆赫姆，但是并没有确切消息显示它和其他德国重型舰的去向。

一直以来海军部都十分担心并密切关注着运输船队的进展，鉴于接下来发生的事情，有必要研究当时海军部掌握的情况。我们有充分的理由相信，"提尔皮茨"号及其护航舰于7月4日在阿尔塔加完油后就将立刻前去截击运输船队。此次大规模攻击势不可当，超过了任何一次空袭或潜艇袭击。汉密尔顿少将的巡洋舰不是德国的对手。现在只有一个办法可以保住部分船只，即在敌军到达前尽量将船只分散开来。敌舰驶离港口十小时后就能抵达此处，但商船的时速却只有七八海里。如果分散船只的方法行得通，就必须抓紧时间。第一海务大臣认为战争迫在眉睫，于是在当天晚上就以个人名义向汉密尔顿发出紧

急通知，内容如下：

巡洋舰向西快速撤退。

晚上九时十一分

鉴于敌方水面舰艇的威胁，命令运输船队分批开往苏联各个港口。

晚上九时二十三分

分散运输船①。

晚上九时三十六分

决议一经采纳，指挥巡洋舰的将军就别无选择了。第一海务大臣下达的命令明确且不容置喙。尽管被迫放弃运输船十分痛苦，但也毫无办法。我们的舰队又不能及时赶到事发地。不幸的是，掩护运输船队的驱逐舰也被迫撤退，尽管这个决策在当时的情况下是可取的，但若是后来有驱逐舰，就可将散落在各处的船只组成小队，并在余下漫长而又危机四伏的航程中防御空中和潜艇的袭击。

如果仅事关我方舰船，庞德海军上将不会这么断然下令。可是，这是在英国指挥下的第一次大规模英美联合作战，还涉及两艘美国巡洋舰和我方战列舰，于是庞德一改沉着冷静的行事风格，做出了这一惊人的决定。这也是我基于对朋友的了解所做出的推测，其实我从未同他讨论过这些问题。事实上，第一海务大臣下达的命令需要经过海军部审批，而且内容必须严格保密，我也是在战争结束后才知道这一切。

同盟国的巡洋舰中队已超出任务范围。如果海军部没有下达新的指令，那么根据原先的指令，这些巡洋舰无论如何都要在一小时后撤退。事实上，巡洋舰的早期行动并未影响战略形势。不过，再回头来

---

①　只有遭到水面舰只的直接威胁才需要分散舰只。信号手册中详细规定了运输船队中的每只船在接到命令后应采取什么样的行动。

看，分散船只这一决定是草率的。商船目睹巡洋舰急速离开之后感到十分恐惧，如果汉密尔顿将军能待在附近，直到运输船队分散后再离开，这种情况就能避免。

现在，让我们来了解一下德国方面的情况。由"提尔皮茨"号、"舍尔"号、"希佩尔"号及其附属驱逐舰组成的德国舰队在阿尔塔聚集，直到5日中午才离开港口。此时，通过空中侦察德军得知运输船队已经四散各处，巡洋舰也已撤退。苏联潜艇很快发现了德国舰只，于是对其进行打击，自以为击中"提尔皮茨"号两次。随后，英国潜艇继续攻击，但报告显示"提尔皮茨"号依然高速向东北方向驶去。德国海军上将知道行踪已经暴露，认为自己的舰只在射程之内，十分担心被英国空袭，但他仍打算继续执行任务。然而，德国最高统帅部却不这么看，一想起一年前"俾斯麦"号的命运，便毅然决定撤退。他们估计用飞机和潜艇来对付分散的运输船队可能更为有效，这也并非毫无道理。当天晚上，德国最高统帅部命令重型舰驶回港口。正是因为德军造成的潜在威胁，运输船队才被迫分散，可是，德军只不过在海上露了一下面，如此就赢得了巨大成功。

对我们来说，这样的结局令人心痛。四散开来的运输船现在毫无防御能力，很容易被拦截飞机和潜艇盯上。每艘船或每支舰船小分队都由一艘或几艘小型护航舰护航，它们的悲惨故事本身就是一部传奇。有的在新地岛冰冻了的海岸一带避难。离开冰岛的三十四艘船中，有二十三艘沉没，船员不是死在冰冷的海上，就是历经磨难，饱受冻疮的折磨[①]。两艘英国商船、六艘美国商船、一艘巴拿马商船以及两艘苏联商船最终抵达了阿尔汉格尔斯克港，只运送了七万吨物资，而始发于冰岛时可是运载了二十万吨物资。十四艘美国商船沉没，这也是海军在整个战争时期最悲惨的一段插曲。

7月15日，我给海军大臣和第一海务大臣发了备忘录："我今天一大早才知道是巡洋舰司令官汉密尔顿下令让驱逐舰离开运输船队。

---

① 此外还有三艘救援舰同运输船队一起出发，其中一艘沉没。

你当时怎么看待这一决策？现在又是什么看法呢？"我正等着涉事人员的调查结果。这可能需要一段时间，我不会指责任何人。第一海务大臣下达命令的电报都在，怎么能进行处分？

许多事情都落在了我头上，包括在后面的章节即将讲述的开罗和莫斯科之行。我跳过这部分是因为有不得不讲的故事。如果"提尔皮茨"号及其护航舰驶近护航的巡洋舰和运输船队，那么下令让巡洋舰撤退是正确的，否则会造成无谓的牺牲。遣散商船也是最好的选择。可是，驱逐舰的离开会产生另外一个问题。汉密尔顿将军曾在报告中提到燃料补给的问题，由于运输船队散落在各处，他们几乎找不到一艘油轮进行有限的补给。同时，他也详述了发生海战的概率，在这种情况下，船队需要驱逐舰。不过，四散的运输船让驱逐舰失去了反击的机会。撤走驱逐舰确实是个错误，它本应为了保护商船而承担所有风险。

大战以来，一直有美国作家抨击这一做法，苏联政府的责怪和谩骂也不绝于耳。不过，我们也从不幸中吸取了教训。

* * *

鉴于 P. Q. 第十七号运输船队的遭遇，海军部建议至少要等北方浮冰群消融、极昼过后，北极运输船队才能开始运输。我认为这是一项重大决定，本着"败不馁"的原则，我倾向于加大我们的赌注，而不是减少。

首相致海军大臣和第一海务大臣：

　　请对以下内容进行研究：请了解马耳他战况。如果诸事顺利，把"无畏"号、"胜利"号、"阿尔戈斯"号和"鹰"号调至斯卡帕湾北部，与他们一起集合的至少还有五艘辅助航空母舰、所有可用的"狄多"型战舰，以及至少二十五艘驱逐舰。让两艘装备十六英寸火炮的战列舰在空中掩护和驱逐舰的警戒下一直南行，不要碰到浮冰，等天气晴好时攻击敌人。如果我们的运输船队至少有一百架战斗机掩护，那么我们就能重新打开一条路。如果海战取胜，那是最好不过了。

1942 年 7 月 15 日

不过，我无法说服海军部的朋友们采取这一方针。这么做一定会牵制主力，这和北极运输船队实际的军事重要性不相称。征得罗斯福总统的同意后，我会把这份电报发给斯大林。

首相致斯大林主席：

从 1941 年 8 月开始，我们向苏联北部派出小型运输船队，到 12 月为止，德方并未采取任何手段加以阻挠。1942 年 2 月以后，运输船队的规模不断扩大，于是德军将大量潜艇和飞机调往挪威北部，直接攻打运输船队。如果有最强大的驱逐舰和反潜舰艇为运输船队护航，那么损失虽不能避免，但也会小一些。很明显，德军对飞机和潜艇取得的战果不满意，因为他们开始使用水面舰艇部队进攻运输船。但是，对我们来说幸运的是，德军一开始只在熊岛西面使用重型水面舰艇部队，在东面使用潜艇。那么，本土舰队就能阻挡水面舰艇的力量。5 月，在运输船队出发之前海军部就提醒过我们：如果按早前的预估，德军派水面舰队驻守东面，损失将会非常严重。不论如何，我们还是决定让运输船队出发。然而，敌方的水面舰只并未发动袭击，但我方却遭到空袭，损失了六分之一的舰只。德军正以我们一向忌惮的方式部署兵力，他们把潜艇集中在熊岛的西面，并保留了水面舰只，准备向熊岛东面发动进攻。P. Q. 第十七号运输船队结局如何还是未知。到目前为止，只有四艘船抵达阿尔汉格尔斯克，另外六艘停泊在新地岛港口，可能随时会遭到空袭。因此，最多只有三分之一的船只能存活下来。

德军战斗中队驻扎在最北面，我必须解释一下运输船队所面临的危险和困难。我们认为，冒险将本土舰队调到熊岛或岸基飞机能够顺利展开进攻的地方都是不明智的。作战性能优良的战列舰数量不多，如果又损失一两艘，就可能会暂时失去对大西洋的控制，特别是在"提尔皮茨"号及其护航舰很快有"沙恩霍斯特"号加入的情况下。这不仅会影响食品供给，战斗力也将遭到削弱。最重要的是，运送美国军队横渡大西洋的巨型运输船队也会受到阻碍，据统计，一个月内船上的人数已超过八万人，而且无法在1943年开辟真正的第二战场。

海军顾问告诉我，在当前的形势下，如果海军无法应对德军水面舰艇部队、潜艇和空军，他们保证开往苏联北部的所有运输船都会被消灭。至于运输船队在极昼的航行是否会比P.Q.第十七号运输船队的更理想一些，他们现在还不能抱有任何希望。因此，我们非常遗憾地得出一个结论：再派出P.Q.第十八号运输船队对你们非但无益，还会使我们的共同事业遭受损失。同时，我向你保证，一有合适的机会我们就安排大批运输船队立即起航。问题的核心在于，要使巴伦支海成为德国战舰的危险地带，正如德军使其成为我们的险境一样。这是我们应该实现的目标。我十分愿意派一名皇家空军的高级军官到苏联北部，同你们一起商定一份详细计划。

同时，我们准备立即派遣原本属于P.Q.运输船队的船只前往波斯湾。

您曾提及在北方展开联合行动。目前，派遣运输船队的难题同样出在向挪威北面派遣陆军和空军上。不过，我们的军官会立即考虑在10月或10月以后采取何种联合行动，那时极昼结束，天色将变暗，适合展开行动。如果你们能派军官到这里来就更好了，不行的话，我们会派遣军官到你们那儿去。

除了考虑北方的联合行动外，我们还在研究如何协助你们在南翼作战。如果能够打败隆美尔，我们秋季就能派遣强大的空军前去支援你们的左翼战线。要维持横跨波斯航线的部队给养，同时又不减少你们的供给，是一个巨大的难题。不过，我希望不久后能向您提出详细的建议。总之，我们必须首先打败隆美尔，现在战斗非常激烈。

斯大林主席，您是如此善良，允许三个波兰师加入巴勒斯坦同胞的战线，我相信这符合我们共同的利益。在巴勒斯坦，我们可以全副武装这三个师，让他们在未来的战争中发挥重要作用，同时还能让土耳其人感受到南部兵力有所增加，进而鼓舞他们的士气。我希望，这个颇具价值的计划不要因为波兰士兵会携带大量依赖军队口粮的家眷而落空。为家眷提供给养对我们来说是个重负。为了组成波兰军，我认为背负这个重担也是值得的，这有利于实现我们的共同利益。我们在地中海东岸地区的粮食补给不够，但在印度是足够的，要是我们能从那儿运来就好了。

如果没有波兰军，就只能从预备大规模进攻大陆的英美军队中抽调兵力填补这个空缺。我们为此做了诸多准备，于是德军将两支重型轰炸机部队从苏联南部调到了法国。请相信我，在这场大战中，任何合理且有用的事情，我们和美国人都会做。美国总统和我一直不停地在想办法解决因地理条件、海洋环境和德国空军干扰所造成的种种困难。

1942 年 7 月 17 日

可是，我收到的回复竟是粗暴不满，简直难以启齿。

斯大林元帅致丘吉尔首相：

1. 7 月 17 日的来电已收到，从中可以得出两个结论。第一，英国政府拒绝继续经由北方航线将战争物资运往苏联；

第二，英国政府置迫切需要于 1942 年开辟第二战场的联合公报于不顾，毅然决定将这一问题拖到 1943 年。

2. 英国海军专家提出各种理由证明运输船队停止向苏联北部运输物资是正确的，我们苏联专家认为，这些理由完全不能令人信服。英国海军专家认为，只要他们有诚意并愿意履行条约上所规定的义务，运输船队可以经常运输货物，同时也能够给予敌人沉重打击。我们的专家认为有一点特别费解，为何海军部要下令让 P. Q. 第十七号运输船队的护航船只返航，货船分散各处，只得在没有任何保护的情况下零零散散地驶向苏联各港口。当然，我并不是说定期开出的运输船队不经风险和损失就能到达。但在战时，任何重要的事情都要历险。如今，苏德前线形势告急，苏联现在比任何时候都需要战略物资，我绝不希望英国政府在这一重要关头停止战略物资的输送。显然，运输船队取道波斯湾并不能弥补北方口岸运输船队停运所带来的损失。

3. 至于第二个问题，即在欧洲开辟第二战场，我认为没有得到应有的重视。经过充分考虑目前苏德战场的形势，我必须强调，苏联政府不同意将开辟第二战场推迟到 1943 年。

我希望，我和同僚们以直白而坦率的方式回答您在电报中提及的问题，不会让您感觉受到了冒犯。

1942 年 7 月 23 日

这些论点都站不住脚。签订协议之时还曾定下一项特殊规定：由苏联负责战略物资的运输，因此我们从未破坏将战略物资送往苏联港口的"契约责任"。我们是出于善意才承担起额外的运输工作。至于说我们违反了在 1942 年开辟第二战场这一约定，备忘录就是最有利的证据。尽管如此，我认为不值得和苏联说清楚这些。未遭到打击前，苏联人希望看到我们全军覆没，然后和希特勒共享胜利的果实。在共同对敌的过程中，我们和美方为运输救援物资也蒙受了巨大损失，可是，苏联人连一句安慰的话都没有。

总统同意上述看法。

罗斯福总统致前海军人员：

我同意您所说的内容，给斯大林的回复必须谨慎。我们要一直牢记自己盟友的性格以及他所面临的巨大困难与危险。不能期待一个自己国家被侵略的人用全球的眼光来看待战争。我想我们应该站在他的立场上来看问题。我认为，他应该在第一时间被明确告知我们在 1942 年采取行动的决定。我还认为，如果我们和他商量作战计划详情，那么也应毫无保留地将我们正在执行的实际情况告诉他。

关于北方运输船队的问题，尽管我认为您不应该让斯大林抱不切实际的幻想，但我同意，即使只有一线希望，不论冒多大危险都应派遣一个船队。

我仍然希望能直接派遣空军支援苏联前线，现在我们正在讨论此事。我认为，以埃及战事顺利进行作为承诺派遣空军的条件并不明智。苏联迫切需要支援。我的感觉是，如果苏联军民知道我们的空军与他们并肩作战，意义十分重大。

我们认为，从战略方面来看，当前和即将派出的联合空军部队是最好的，但是我觉得斯大林并不这样认为。我认为斯大林无心纸上谈兵。我确信，除了我们展开的主要行动，最适合斯大林的冒险计划是直接在其前线南端进行空中支援。

1942 年 7 月 29 日

因此，我暂且把斯大林言辞激烈的电报搁置一边，不作回复。毕竟，苏联军队损失惨重，而战争也正处在成败的紧要关头。

* * *

1942 年 8 月 26 日，在德国海军司令部和元首举行的会议上，海军

上将雷德尔做出如下汇报：

> 很明显，同盟国的运输船队还没启程。那么我们可以进行推测，我方的潜艇和飞机——令敌军最后一支运输船队遭受重创——迫使敌人暂时放弃这条路线，甚至从根本上改变了整个供应体系。为苏联北部港口提供给养对英国展开整场战争具有决定性影响。他们必须为苏联积蓄力量，从而牵制住德军。敌军极有可能继续向苏联北部运输物资，因此海军必须沿路保留潜艇。大部分海军也将驻扎在挪威北部。这么做除了为应对运输船队可能遭遇到的进攻外，还在于我们时时面临被侵略的危险。只有让舰队留在挪威海面才有希望成功化解危机。同时，从整个轴心国的整体战略来看，在英美海军于地中海和大西洋失利后，德国的"现有舰队"牵制了英国的本土舰队，这具有特别重要的意义。日本人同样也知道这个措施的重要性。此外，近海敌军水雷的危险日益加剧，所以海军舰队只有在修理或训练时才能活动。

＊　　　＊　　　＊

直到9月，另一支运输船队才出发驶往苏联北部。那时的防卫计划已经做过修改，这支运输船队的护航队由十六艘驱逐舰组成，加以严密保护，同时还有第一次参加护航的新型护航航空母舰"复仇者"号，载有十二架战斗机。与从前一样，海军做好强有力的支援准备工作。尽管如此，德军水面舰艇部队却无意阻挠，将进攻任务留给飞机和潜艇，这导致了激烈的空战，参战的敌机有一百多架，二十四架被击毁。在此次战斗中有十艘商船失踪，另有两艘被潜艇击沉，不过还是有二十七艘成功突围。

1941 年至 1942 年运往苏联北部的物资
到达苏联港口的数量（约数）

	商船数（艘）		货物				
	英国商船	美国商船	车辆（辆）	坦克（辆）	飞机（架）	弹药和其他必需品（吨）	原油和石油（吨）
1941 年							
英国供应品	34	14	867	446	676	75512	0
美国供应品			1506	35	29	11460	24900
总计	34	14	2373	481	705	86972	24900
1942 年							
英国供应品	68	103	3029	1347	1312	190263	0
美国供应品			18998	1448	648	337429	44583
总计	68	103	22027	2795	1960	527692	44583
全部到达数							
1941—1942年全部到达数	102	117	24400	3276	2665	614664	69483
海上损失数							
1941—1942年总数	22	42 *	8422	1226	656	232483	7373

＊其中有若干艘船在北大西洋被击沉。

＊　　＊　　＊

这些运输船队的全部重担几乎都落在我们肩上，此外，正如此表所示，我们在自己资源紧缺的情况下依然在 1941 和 1942 年期间为苏联提供大量的飞机和坦克。很多人讽刺我们在苏联遭受困难时没有给予热心帮助，这些数据就是确凿的证据。我们毫无保留地支援英勇而饱受苦难的盟国。

*　　*　　*

1942 年以皇家空军履行一项毫无胜利希望的任务而告终，所以我们必须将希望寄托于未来。1942 年 9 月，P. Q. 第十八号运输船队到达苏联北部后，运输船队突然停止航行。接着，北非的主要战事又占用了我们内海的全部力量。但是，我们一直在积攒运往苏联的物资，也一直在认真研究如何保护未来的运输船队。直到 12 月底，第二支运输船队才开始它的危险旅程。船队将分为两批，在本土舰队的掩护下每批由六至七艘驱逐舰护航。所幸第一支船队安全抵达，但是第二支的航行却没那么顺利。12 月 31 日早上，海军上校 R. 舍布鲁克在"奥斯罗"号上指挥护航舰队。在距北角东北部约一百五十英里的地方发现三艘驱逐舰。他随即掉头迎战敌人。战斗开始后，德国重型巡洋舰"希佩尔"号出现在战场。英国驱逐舰和这艘战斗力强大的巡洋舰交战了近一小时。战斗的炮火引来了二十五英里外的海军上将伯内特和两艘英国巡洋舰"谢菲尔德"号和"牙买加"号。这支舰队直接向南驶去，与德国袖珍战列舰"吕佐夫"号正面交锋，可是，一会儿工夫，"吕佐夫"号便向西驶去，消失在一片朦胧的晨曦中。德国舰队司令误以为这两艘英国巡洋舰是作战舰队的先头部队，立刻仓皇逃走。在这次短暂的交战中，"谢菲尔德"号近距离击沉了一艘德国驱逐舰，接着又展开一场追击战。两艘德国重型军舰和六艘护航舰袭击了由舍布鲁克保卫的运输船队，但最后以失败告终。运输船队平安抵达苏联，在这期间损失一艘驱逐舰，一艘商船轻微受损。海军上校舍布鲁克在战斗初期受了重伤，一目失明，但他还是坚持作战并亲自指挥战斗。因为他出色的领导能力，战后被授予维多利亚十字勋章。

这次战争在德军最高统帅部也引起了巨大反响。由于电报传输延迟，最高统帅部还是通过英国广播了解到了此事。希特勒大发雷霆。在他不耐烦地等待战斗结果时，戈林却火上浇油，抱怨不应浪费德国空军中队保护海军的主力舰只，而应早点采纳他的建议，将这些舰只

报废。海军上将雷德尔奉命立即进行汇报。海军会议于 1 月 6 日举行，希特勒发表了冗长的演说，指责德国海军过去毫无作为。"如果元首只是决定报废几艘大船，那么海军的损失还不大。可是，如果他调走一支有作战能力的舰队，那才是海军的大损失。调走所有骑兵师也会对陆军造成同样的后果。"雷德尔派遣退役的主力舰只作战，而这违抗了军令，因此他不得不为此做出书面报告。希特勒收到这份报告时大加嘲讽，并命令雷德尔的继任者邓尼茨拟订一份符合他要求的计划。戈林和雷德尔因海军和空军的前途问题而爆发了一场激烈的冲突，这激怒了希特勒。雷德尔自 1928 年以来领导防卫工作，一直以此坚定地为自己辩护。他曾多次要求成立一支独立的海军航空兵部队，可戈林却坚持认为，相比海军，空军能更有效地完成任务。戈林取胜。雷德尔于 1 月 30 日辞职，继任者是野心勃勃的潜艇司令邓尼茨。从此，整个海军新舰只的建造都被潜艇垄断了。

　　就这样，英国皇家空军在年底为保护运往苏联的运输船队进行的英勇战斗，直接造成敌军海军政策方面的严重危机，同时，德军妄想建立另一支公海舰队的美梦也彻底破灭。

第三章
THREE
空中攻势

1942年2月27日对布伦埃瓦发动袭击——宝贵的战利品——一个漏掉的细节——杰出的功勋——对德国发动新一轮轰炸攻势——"硫化氢"在反潜艇战中的作用——厘米波对海搜索雷达——与敌人共享的定向设备——顽强抵抗德方夜袭——卡姆胡贝尔线——"窗户"装置

　　1941年冬天，我们的情报部门怀疑德军正用一种新型雷达设备为其高射炮提供我军飞机的航向和距离方面的信息。据说设备形同碗状电热器。我们的情报人员、窃听设备和空中拍摄的照片很快发现了德军沿欧洲北部海岸布设电台，其中一座可能安装了新设备，位于距勒阿佛尔不远的昂蒂费尔角上。1941年12月3日，我们的空中摄像侦察部队某中队长碰巧参观情报中心，了解到我们的疑虑。中队长第二天主动驾驶飞机，发现了电台位置。12月5日，他再次飞行，成功地拍到了清晰的照片。这些照片正是我方科学家需要的。虽然电台位于四百英尺的悬崖上，附近的沙滩却可以让飞机着陆，于是突击队马上制定了突袭计划。

　　1942年2月27日夜间，就在这个大雪纷飞的漆黑夜晚，我们的一队伞兵降落在悬崖顶上的德国电台后方，包围了那里的守军。与伞兵同行的还有一队事先接到详细指令的工兵和一名皇家空军的无线电机械师。根据指示，他们的任务就是尽可能多地搬走一些设备，并把剩下的拍照保存，绘制草图，若有可能，最好再俘虏一名德国报务员。尽管时间表出错，工作时间从半小时减少为十分钟，但所有工作还是顺利完成。我们找到了大多数的设备，借着火光拆卸，然后运到沙滩。

海军在沙滩等候，将这队人员运走。我们因此得到了德国雷达防御体系中一件重要设备的核心部件，搜集到了有利于进行空中打击的情报。

*　　*　　*

1942年以来，我们对德国防务的了解与日俱增，一方面是因为搜集情报的雷达情报网迅速壮大；另一方面，一些友好的中立国家从被占领的国家带回消息。提到"情报员"或者"友好中立国家"时，必须单独列出比利时，以示公正。1942年，他们提供了百分之八十的谍报，其中还包括一幅极其重要的地图。这幅图盗取自一名德军指挥官，他负责指挥比利时境内德国夜间战斗机在北部两个战区内的探照灯和雷达部队。正是这幅地图加上其他情报让我们的专家揭开了德国空中防御体系的秘密。到1942年底，我们不仅知道这个体系的工作原理，还知道如何对付它。

不过，我们漏掉了一个重要细节，几个月后才发现。到今年年底，林德曼教授，即现在的彻韦尔勋爵，告诉我德国人在夜间战斗机上安装了新型雷达装置。除了知道它的名字叫"火石"，专门追踪轰炸机外，其他一无所知。在展开空中攻势以前，我们必须进一步了解这一装置的情况。1942年12月2日晚，第一九二中队的一架飞机前去诱敌，该机多次遭到一架发射"火石"电波的敌方夜间战斗机袭击。机组人员几乎都被击中。无线电技术人员虽然头部受了重伤，但还在精确地观察。这名无线电报务员虽然伤势严重，但成功地带着观察到的资料在拉姆斯哥特上空跳伞落地。由于飞机上的各个部件都损伤过重，已无法在机场降落，因此剩下的机组人员把飞机驶向海上，然后在水面降落，最后被一艘来自迪尔的小船救起。至此，我们关于德国夜间防御的知识漏洞得到了填补。

*　　*　　*

1940 年末，林德曼教授就已经开始怀疑我方轰炸机的精准性。1941 年，我下令让他所在的统计部门对轰炸机司令部展开调查。调查结果证实了我们的担忧。我们获悉，尽管轰炸机司令部认为发现了目标，三分之二的机组人员却不能精确打击目标范围五英里内的区域。航拍照片显示轰炸造成的破坏极小，似乎飞行员也知道这一点，因此对冒着巨大风险取得的不尽如人意的战果感到沮丧。在解决这个问题前，英国最好停止夜间空袭。1941 年 9 月 3 日，我发出以下备忘录。

首相致空军参谋长：
　　这份文件事关重大（彻韦尔勋爵写的有关 6 月和 7 月对德轰炸报告），希望能引起你的高度重视。我等待你的行动提议。

1942 年 7 月 29 日

通过无线电波将轰炸机引向目标的方法众多，但直到意识到我们的轰炸欠精确之后，我们才觉得有必要开始研究这么复杂的问题。现在这个问题吸引了所有的注意力。我们过去开发出一种叫"前进"的装置，用这种方法同时从英国国内三个相距很远的电台发出电波。通过精确测算飞机收到信号的时间，便能定位这架飞机，误差在一英里范围内。这是一次重大的技术突破，在袭击布伦埃瓦大约十天后，我们就大规模地采用这一方法。借助于这个设备，我们对鲁尔大部分地区展开了袭击，可是未能深入德国。吕贝克和罗斯托克也在这一时期被轰炸，不过不是采用"前进"装置，而是另一种名叫"欧波"的类似装置，它更准确。但是若使用这种装置，轰炸机必须在相当长的一段时间内保持直线飞行，将面临来自高射炮的巨大威胁。就像"前进"装置一样，"欧波"的无线电电波太短，无法沿着地球表面弧线运动。因此，只能在飞机高出地平线的情况下，比如二万五千英尺高、二百英里范围内使用。这就严重限制了我们的轰炸范围，需要改进。

自 1941 年以来，种种迹象表明这个想法可行。林德曼教授认为，装在飞机上的雷达可将所飞经地面的地图投射在驾驶舱的荧光屏上。轰炸机在"前进"装置或者其他设备的帮助下飞行，在距离目标五十英里的地方就开启雷达，接着在浓云雾雨中投掷炸弹，不会因为受到干扰而产生误差。距离也不再是个问题，飞机自带雷达，可以在黑暗中畅通无阻。

这一以"硫化氢"为代号而著称的设备后来遇到重重困难。有段时间，一直有人提醒我说这一装置成功不了。但正如以下备忘录所示，我坚持施压进行研发并最终获得成功。我们使用的是一种特殊的超短波（俗称微波）。电波越短，飞机上荧光屏的图像就越清晰。微波传送信号设备是英国人发明的，它革新了海陆无线电波信号战。直到它落入德国人之手，他们才开始仿制。不过这都是以后的事情了。在这紧要关头，没有什么比科学理论研究更重要的事情了。我们要做的第一步是制作一个能实际操作的模型。这一步完成后，还要大量生产并装到飞机上，教会机组人员使用方法。如果把大量时间花在做实验上，就会耽误生产，从而错过实施轰炸的时机。

*　　*　　*

首相致空军大臣：

我们对明年冬天轰炸德国一事寄予极大期望，我们必须全力以赴，不辜负国家为此投入的大量人力物力。空军部的任务就是利用已有的飞机，最大限度地把性能最好的炸弹投往德国城市。除非我们能够保证大部分投下的炸弹确实能给德军造成破坏，否则难以证实这种攻击形式的优越性。以下各条似乎是通往成功的必经之路。

1. 确保机组人员已经熟练地掌握了盲目轰炸装置；等到

秋季，我们的大部分夜间轰炸机都将安装这种装置。

2. 无论航海员在使用六分仪完成天文导航时遇到什么困难，都必须克服。保证通过这一方法，他们能够飞至距目标十二英里到十五英里的范围内。在此范围内，盲目轰炸装置就能发挥作用了。

3. 务必保证，我们期盼已久的大批轰炸机不会受恶劣天气影响而无法出动。我们需要为此准备合适的跑道、返航装置以及可能用得上的驱雾装置；在飞机上还要安装融冰装置和盲目轰炸装置等。

4. 必须强调的是，一定得准备好足够的纵火装置和高装药率的炸弹，即使穿透力十分微弱也没关系。我曾于去年7月提及此事，当时有人向我保证不会短缺。不过，我们库存的大批五百磅和一千磅的炸弹都是老式型号，威力不大。

我们的敌人会加强地面和空中防御，这是意料中的。据我了解，反攻措施也已准备妥当，在此期间我们是鼎力支持的。很明显，所有事情都得同心协力才能完成，在需要的时候，我们就可以安装并立即使用这些设备。

1942 年 4 月 14 日

三个星期后，我召开了一次会议并批准一项危机方案。

首相致空军大臣：

获悉 4 月 14 日的备忘录中提出的很多问题已经处理，我很高兴。

我希望大量"硫化氢"已经下单预订好，按时运到，没有任何障碍。如果这批设备符合期待，那么来年冬季的局面会大为改观。

你提到飞机生产部在年底生产不出大量的中型炸弹，这实在令人震惊。去年 7 月就此事我给你写信，你回信承诺尽

早供应，但现在看起来还在等待锤击测试等流程。当然，投掷以薄壁容器盛装的高性能炸弹要比大量浪费好。

尽管主要事项都在处理过程中，但依然有许多方面的任务需要在合适的时间完成，因此最好能指派专人负责，在合适的时间采取必要的行动并每月递交报告。我听说，罗伯特·伦威克爵士既有干劲，又有经验，曾在"前进"设备上做出可贵的贡献。对你来说，他可能是合适的人选。如果日后发现由于某项工作的滞后而耽误了轰炸计划，那才是真的不幸了。

1942 年 5 月 6 日

制造厂方面有些不安，但是在 6 月 7 日，我发出以下这封信：

首相致空军大臣：

获悉"硫化氢"的初步试验取得了巨大成功，我很开心。但事先说好的生产进度太慢了，令我焦急万分。8 月共生产三套，12 月才生产十二套，根本解决不了问题。尽管我们不能保证所有的轰炸机都能够安装这种装置，但无论想什么办法都得加快生产速度，这样到了秋天才有足够数量的设备可用。决不允许任何事影响到设备的生产。

我提议下星期开会讨论这个问题，到时看看我们能做什么。此外，我们的第二次大规模空袭战果不尽如人意，因此更需要加快生产。

你已经和生产大臣商量好并邀请罗伯特·伦威克爵士，为加速生产所需要的无线电设备亲自上阵，对此我很开心。但是我希望你不要让他把精力分散在设备的细枝末节处，主要是能打中目标，而这个目标"硫化氢"能实现。当然，其他设备也都是有用的，但不像这个设备那么迫切。

我们必须同时做好训练、机场、跑道和炸弹等各项工作，

正因为如此，我才建议请罗伯特·伦威克爵士全面负责各项工作。很明显，协调好所有工作难度大，但也迫在眉睫。如果你不希望罗伯特·伦威克爵士做这项工作，可另选他人，只要保证各项工作能按部就班，最后不出纰漏。我认为，由各部门像现在这样按正常程序来处理此事是不够的。

你在 1941 年 7 月 19 日的备忘录中告诉我已经订了一批五百磅的特制炸弹，你们也想继续设计出更大的炸弹。你多次在会议上提出过你承认这种炸弹的性能要比普通炸弹强得多；但是我很失望，我们付出那么大的努力运输的炸弹，爆破强度可能只有本该有的一半。

1942 年 6 月 7 日

*　　*　　*

"硫化氢"对轰炸机至关重要，所以让空军大臣接管。

首相致空军大臣：

由你负责这项工作很好。但你是否可以和彻韦尔勋爵保持联系，方便他能将我的想法告诉你？

我希望星期三上午十一时召开关于"硫化氢"的会议。

1942 年 6 月 15 日

早在 1943 年，这个设备就已经可以投入战场使用了，于是我们把这个设备发给几个月前仿照德国第一百战斗小组而编成的导航机组，效果立竿见影。除了地面轰炸外，它还有其他很多用途。有一段时间，飞机上装备了用来侦察水面舰只的雷达，叫作对海搜索雷达。但是 1942 年秋天，德军开始在潜艇上安装一种特殊的无线电波接收器，能够侦察到对海搜索雷达发出的信号。因此，德国潜艇能够及时潜入海底，避免被袭击，从而导致了我们的空军海防总队击沉潜艇的成功率

下降，商船损失增加。用"硫化氢"代替对海搜索雷达，在进攻方面有优势。1943年，在对潜艇的作战中，"硫化氢"做出了显著贡献。但是，在它能准备好之前，我还得向罗斯福总统寻求帮助，而他也答应全力协助。

前海军人员致罗斯福总统：

1. 追踪德军潜艇，保护运输船队最有威力的武器之一就是装有对海搜索雷达的远程飞机。

2. 德国潜艇最近安装了一种设备，能收听到对海搜索雷达发出的波长一点五米的无线电波，因此在我们的飞机到达现场前就安全潜入海底。这样一来，天气恶劣时我们在比斯开湾的日间巡逻基本都无功而返。凭借探照灯进行夜间巡逻的飞机同样基本没什么作用。因此，侦察到的潜艇数量也从9月的一百二十艘下降到10月的五十七艘。这种情况要想得到改善，就得等到装备着某种对海搜索雷达，即"厘米波对海搜索雷达"的飞机在技术方面取得进步，使德军潜艇接收不到电波。

3. 我们在比斯开湾巡逻的主要目的之一就是对往来美国大西洋海域一带的潜艇发动攻击。现在，大量美国运输船队都在附近经过，所以保护这一地带就更加重要了。

4. 在比斯开湾的中心海域巡逻，可将一种"厘米波对海搜索雷达"安装在改装后的"韦林顿"式飞机上，这种设备本来是为重型轰炸机定位目标而开发的。

5. 比斯开湾外围海域的形势更为复杂。为此，我们的远程飞机必须配备"厘米波对海搜索雷达"。

6. 大西洋中部海域出现大量沉船，所以为了在这些区域活动，我们不得不改装"解放者"式飞机。这导致比斯开湾外围海域没有航程合适的飞机，除非从负责空袭德国的少量远程轰炸机中抽调。即便能抽调，也要花很长时间改装设备。

7. 我不希望减少对德的炸弹投放量。我认为冬季作战的这几个月，尽我们所能对德国保持攻势是极其重要的。因此，总统先生，请您立即从现有的战略物资中调集三十架"解放者"式飞机，装好"厘米波对海搜索雷达"。据我所知，美国现在有这些物资。这些飞机也将用在对美方作战有直接贡献的战区。

1942 年 11 月 20 日

*　　　*　　　*

侦察潜艇不是我们在这个区域遇到的唯一问题。德军已建好两座长距离定向电台，使飞机和潜艇能深入比斯开湾和西部入口处。一座电台在布雷斯特，另外一座在西班牙西北部。我国驻马德里的大使听说了电台的事情，但是让西班牙人关闭此电台会把我们卷入没完没了的法律和外交争端中。根据 R. V. 琼斯博士的建议，我们决定自己使用这个电台。将设备拍照后，我们了解了它的工作原理。自此以后，我们的飞机和战舰都装上了一流的定位设备，和敌人的一样。事实上，空军海防总队在对装置的利用上比德国人还多。因其效率高，我们在澳大利亚和太平洋又建了几个相似的定向电台。

*　　　*　　　*

先讲一个后来发生的故事。1943 年的空袭开始时很顺利，"欧波"号能精确打击目标，让德军大为不安。我们在多云的夜晚袭击鲁尔的工厂，这一消息传到希特勒设在苏联境内的司令部。他立刻派人把戈林与德国空军信号总监马蒂尼将军找来。呵斥他们之后，他说英军能做到的事，德军做不到，简直是耻辱。马蒂尼回答说，德国人不仅能做到，而且在闪电战中已经利用"X"和"Y"发射系统做到了。元首说，多说无益，要用行动证明。德军付出极大努力才安排好此事。

与此同时，我军轰炸机司令部在"欧波"的指引下轰炸鲁尔，使其满目疮痍。

*　　*　　*

但是我们依然要解决敌军夜间战斗机的问题，正是夜间空袭使我们损失了四分之三的轰炸机。每架德国战斗机都由独立的地面站控制，活动范围狭小。这些地面站在欧洲形成一条线，以其创建者命名，叫作卡姆胡贝尔线。由于我们曾试图越过这条线或者从侧翼包抄，敌人便将其延长加深。该线从柏林起，西至奥斯坦德，北至斯卡格拉克，南至马赛，线上约有七百五十座这样的电台，像常春藤一样遍布欧洲。除了其中的六座，我们无法找到所有的地面站，数量太多，无法一一炸毁。这些站点继续发挥作用的话，我们的轰炸机就不得不飞过绵延在北海与我们轰炸区域之间的长达数百英里的岗哨线。尽管每个岗哨对我们造成的损失很小，但也会影响轰炸机的空中攻势。我们急需一种经济的能大规模摧毁整个地面站体系的方法。

早在 1937 年，林德曼教授就敦促我向空中防御研究委员会提一个简单的建议，即在空中播撒切成一定长度的锡箔片或其他导体片，这样在敌军的雷达屏幕上就会显示成轰炸机。如果这些导体片呈云雾状向地面播撒，敌军战斗机就会分辨不清哪些是我们的轰炸机，哪些是我们的箔片。后来将这种方法叫作"窗户"。专家对此持怀疑态度。四年后这个方法才得到检验。1942 年初，由林德曼教授发起，我们进行了绝对保密的试验。该试验由杰克逊博士进行，他是杰出的分光学家，在战争初期曾参加空军，是个出色的夜间战斗机驾驶员。试验成功后，"窗户"这一方法便迅速发展起来了。起初我们都认为这些扰乱视线的锡箔片应当做成飞机大小，才能达到好的效果。但是其实只要切的尺寸刚好能够显示在敌人的雷达屏幕上便可，不一定要像飞机那么大，这样产生的效果远比一堆金属制造的东西——比如飞机，所产生的效果要强。

在上级的推动下，我们用简单而巧妙的办法生产出了一种在技术上叫作"和谐的两极片"的锡箔片。研究发现，在条状纸片的一面涂上金属，像巧克力包装纸那样，尺寸修剪恰当，就足够引起无线电波的强烈反射。飞机从空中播撒不计其数但重量也不过才几磅的金属片时，会像云絮一样翩然划过长空，飘扬落地，给雷达造成的反应和普通轰炸机几乎一模一样。我们希望，很多轰炸机从空中撒下的这样的纸片会干扰德军的雷达，使其无法分辨是否是真飞机产生的反应。这些纸片随风而行，而飞机飞行时速是几百英里，所以理论上讲，飞机引起的雷达的反应与纸片肯定不同，但在几分钟的时间内，这个区别还是很难分辨出来的。因此，我们认为，即使不能阻挡高射炮部队瞄准目标，也能妨碍其工作，使德军负责地面控制的雷达员难以指引防御的战斗机找到我方的轰炸机。我们的轰炸机部队听到这个消息后，为了节约使用轰炸机，想将这个办法立即付诸实施。但也有顾虑，这个方法如此简便有效，敌人可能效仿，用来对付我们。如果敌机像1940年那样轰炸我们，我们的战斗机同样还是没有应对的办法，防御体系同样会崩溃。战斗司令部主张在找到防御的方法之前千万要保密。之后，便展开了激烈的争论。

1943年6月22日，我召集轰炸机司令部与战斗机司令部的首脑举行参谋会议，就轰炸机在战斗中是否使用"窗户"的问题进行讨论。我们推测德军一定想到过这个办法。然而，即使他们采用这个办法，德军轰炸机实力下降与我军空中打击力量增强的事实也还是对我们有利。我们的专家认为，大规模使用这一方法会减少三分之一的轰炸机损失数量。因此，我们在此次会议上做出决议，当"窗户"还不至于被德国仿效从而对我方在西西里岛的战局产生不利影响时，便可尽快使用。因此，"窗户"方法所涉及的开发、生产以及反"窗户"措施成为我们的当务之急。

杰克逊博士在积极从事并推动这项工作方面发挥了主导作用。1943年7月24日空袭汉堡时，我们首次试用"窗户"这一战术，效果远超预期。从我们截听到的德国地面控制人员和战斗机驾驶员之间

的激烈争论可以看出这种方法给德军造成的混乱。几个月来,我们损失的轰炸机几乎减少了一半。一直到战争结束,尽管德军增加了四倍的战斗机,我们损失的轰炸机却一直低于使用"窗户"前的水平。在其他一系列无线电防御措施和战术的支持下,"窗户"这一战术的战略优势得到了进一步的巩固。

关于我们是否应该早些启用"窗户"一直都有争议。回答这个问题要考虑到很多因素,很难直接给出答案。没人能确定1943年德军轰炸机的力量到底有多强。如果德军再次发动空袭,而我们的防御又不如三年前有效,那英国人民会灰心丧气的。总的来说,我们当时用"窗户"这个办法正当其时。战后我们了解到,德国技术人员也曾做过相同提议,戈林很快意识到其防范风险,因此将所有相关文件立即封存,严禁谈起此事。在我们开始使用这种方法以前,和德方一样,我们也曾因担心对防御造成危害而犹豫不前。不过,德国人终于在1943到1944年间的冬季和春季采用了这一战术,可是那时候他们的轰炸能力已日渐衰退,因而把全部希望寄托在火箭和无人驾驶飞机上了。

我们还将在适当的时候对此加以叙述。至此,我们已经严重打乱了事件发生的时间顺序。

第四章

FOUR

马耳他岛与沙漠

奥金莱克将军建议在未来四个月内按兵不动——马耳他岛处境告急——希特勒同意加入——我们为运输船队付出的努力——德国空袭马耳他岛的高潮——马耳他岛在空战中赢得胜利——十七艘船中，只有两艘抵达港口——德意会谈——墨索里尼决意进攻马耳他岛——多比将军高呼救援——"黄蜂"号再度出现——隆美尔计划发动攻势——一条不变的战略原则

1942 年 2 月，奥金莱克将军提议继续休战四个月，准备与隆美尔进行第二次会战。我、三军参谋长和我的同僚都认为，休战代价惨重，没有必要。所有人都觉得，大英帝国已有超过六十三万人的军队，而且一直在输送增援部队，眼看着苏军在无边无际的前线殊死斗争，我们却这么长时间作壁上观，太可悲了。另外，隆美尔军队的增长速度可能比我们的要快。德军继续轰炸马耳他，而我们阻挡德国和意大利运输船队开往的黎波里的行动均以失败告终，从而证明了这个推测是正确的。如果马耳他每月没有持续稳定的供给，一定会受到饥荒的威胁。保卫马耳他的大战在即，战争在整个春夏将越来越激烈。

可是，我们未能说服奥金莱克将军。本章将讲述的内容是，在我们不断给奥金莱克将军施加压力的情况下，他最终正式且明确地下令主力出战，打击敌人，而不是眼睁睁地看着马耳他陷落。司令奉命行事，为在 6 月月色昏黄时展开的总攻做好准备；在这期间，我们计划派遣一支重要的运输船队到岛屿的要塞。但是，奥金莱克将军一再拖延，失去了先机，而隆美尔却先下手为强。

首相致奥金莱克将军：

时日艰难，所以我很少麻烦你，但我必须问，你究竟作何打算。据我军统计，由你率领的空军、装甲部队和其他兵力都超过了敌人。危险似乎在于，敌人获得增援的速度和你相当，甚至比你还快。马耳他物资供给一事已经使我们焦头烂额，远东灾难深重也是尽人皆知。

请尽快复电。祝你一切顺利。

1942 年 2 月 26 日

其间，奥金莱克将军写了一篇一千五百字的报告，列举他之所以不着急、按照自己的节奏保证取胜的种种理由。

2 月 27 日，奥金莱克将军报告，他在加柴拉—托布鲁克—比尔哈凯姆一线占据了有利的防御阵地，敌人一旦进攻此地必将被击溃，损失惨重。这个据点的真正价值在于保障托布鲁克的安全，因此能为未来的军事行动提供一个理想的根据地。奥金莱克将军想牢牢地守住此地。他权衡了自己手头的资源和军队的增长速度，并和敌人的实力做了比较，于是在报告中写道，他完全了解马耳他给养形势严峻，也明白在昔兰尼加收复比目前据点更靠前的着陆点的必要性。即便如此，他仍认为，6 月 1 日之后他才有数量上的优势，在这之前发动大规模进攻有被各个击破的风险，也可能危及埃及的安全。他在报告的结尾写道：

总而言之，我在西部战线的战略目标如下：

1. 继续在第八集团军的前线战区尽快建立装甲部队突击队。

2. 同时，尽可能加固加柴拉—托布鲁克和塞卢姆—马达累纳这一战线，继续铺设铁路，令其延长至阿德姆。

3. 在战争前沿地区，为下一轮进攻建立物资储备。

4. 占得先机，发动有限攻势，再次夺取德尔纳—梅基利

地区的着陆点，但此次行动的前提是，既不能影响再次夺取昔兰尼加的大规模行动，也不能危及托布鲁克地区的安全。

这份文件引起三军参谋长的密切关注。我们都认为，总而言之，这份报告是说，直到6月甚至7月都要休战，马耳他的命运和世界上其他地方需要考虑的事情可以搁置一边——这样的事情举不胜举。经过一番仔细研究后，我发现我同三军参谋长已达成一致，于是，我发出以下电报：

首相致奥金莱克将军：

　　你在报告中提及，当前情势危急，那么单靠电报来往恐怕难以解决。因此，如果你能在方便之时尽早回国商谈，而且作战时所需军官也一同前来，尤其是洞悉坦克情况和坦克作战的专业人士，我将不胜欣慰。

1942年3月8日

奥金莱克将军以急需前往开罗为借口拒绝了我的邀请。在我看来，他早就知道我们将下达命令，只是他认为自己在拒绝执行司令部下达的命令时更有说服力。

于是，我们又回到了这一尖锐的问题上。

首相致奥金莱克将军：

　　1. 你在2月27日的电报中所做的预估再次让三军参谋长和国防委员会感到不安。你不能回国商谈令我不胜遗憾。由你实施的拖延政策将进一步危及马耳他岛的安全。更何况，敌军的增援可能会先行一步到达，结果你将会发现，等了这么久，你的处境可能和敌军的一样，甚至还不如他们。你所遭受的损失一直都比敌军少，可敌军仍在不懈战斗，比如说，德国第十五和第二十一装甲师卷土重来对我军发动猛烈进攻时，虽然第七装甲师的损失远少于德国，但还是被撤至尼罗河三角洲休整。预计不久后，德国还会对苏联发动猛烈反攻，而你留着六十三万五千大军（不包括马耳他岛的守军）不动，只专心准备于7月展开的另一场大规模战斗，实在是说不过去。

2. 你对德尔纳发动的有限攻势寄予厚望，因为无论如何他们都有机会同敌人交手，进而消耗敌军的战斗力。在这种状况下，如果敌军击败你的装甲部队，你完全可以撤退到防区内。但是，如果你能够击败敌人的装甲部队，那么我们就搞不懂了，为何你不乘胜追击，进一步将敌军歼灭……

…………

4. 我尽自己所能，一直支持着你，为此不惜以整场战争为巨大代价。但是，如果我们不再像以前一样互相理解，我会非常痛心。为了避免上述情况的发生，我请前往印度的斯塔福德·克里普斯爵士于19日或20日在开罗停留，届时会转告你战时内阁的意见。奈将军先独自直接前往印度，随后克里普斯爵士将同他会合。克里普斯爵士完全了解三军参谋长的意见。在当前情况下，大英帝国总参谋长不可能离开伦敦。

1942年3月15日

首相致奥金莱克将军：

3月15日的电报漏掉了以下信息：

如果根据讨论的结果决定你必须在7月以前采取守势，那么你必须立即考虑从利比亚派遣十五个空军中队前去支援在高加索的苏军左翼。

1942年3月16日

此刻，斯塔福德·克里普斯爵士途经开罗，前往印度。他完全同

意我们在国内采取的方针。因此，我希望他能以个人力量在开罗解决问题。但是，抵达开罗后，他只触及一些表面问题。他满脑子都是印度问题，对印度不但寄予厚望，而且见解独到。

斯塔福德·克里普斯爵士致首相：

会谈结束后，我很满意开罗的氛围。

昨晚，我和奥金莱克、奈、特德、坎宁安的代表以及蒙巴顿进行了长时间的友好会谈。至于会谈内容，我将在电报中详细报告。诸位都充满希望，非常愿意合作。初来时，我感觉气氛十分紧张，奈将军到来时，这种感觉更为明显。但是，这种气氛很快完全消失，现在所有人，包括奈将军，都于今早高高兴兴地离开。我认为，您无须前来，路途遥远，行程艰辛。希望在奈将军回国之前您就能获悉其他所有细节。我完全相信奥金莱克将军的主动出击（精神），但我认为，他具有苏格兰人特有的谨慎和不被乐观主义所误导的思想，所以在面对充满变数的困难局面时，他会过度紧张。我相信他能坚定面对；我确信，如果他能感受到所有误会已消除，也无人质疑他采取攻势的动机，对他来说将大有裨益。如果您同意——我非常希望您能同意——我在电文中详述的情况，那么就给奥金莱克将军发一封简短而友好的电报以示满意——他在约定的时间攻击敌人之时将得到您的鼎力相助，这对他会有很大的帮助。

1942 年 3 月 21 日

我对这一切，以及那封有关技术性细节的电文大为不满。克里普斯已在去印度的路上，所以我给奈将军发了一封电报，在他离开英国之时，态度十分坚决。

首相致奈将军（开罗）：

1. 我已从掌玺大臣处获悉情况。考虑到你似乎已全盘接受他们的说法，所以，我一点也不惊奇为何一切如此顺利；我们不得不接受的是马耳他可能陷落以及陆军的无所事事，而此时，苏军正奋不顾身地抵抗德国的反攻，敌军正以比我们更快的速度向利比亚增援。

2. 不必匆忙回国，详细调查坦克的使用性能、军火及中东人力的使用情况。

3. 在你离开前，我会及时回电详细回答你提出的二十个问题，到时候我们就能对答案发表各自的看法。

4. 最后，就敌军进攻的可能性发表看法，它们将从西部进攻，还是会跨海从希腊展开空中或海上进攻。毫无疑问，这将改变整个战局。

1942 年 3 月 22 日

*　　*　　*

马耳他和沙漠之战紧密相连，这种联系在 1942 年最为明显。这一年，防御该岛的英勇行为为长期的战斗——为维持我们在埃及和中东的地位——奠定了基础。在西部沙漠艰苦卓绝的地面之战中，每一阶段都胜负难分，这时常取决于海上补给或战士抵达的速度。对我们来说，绕过好望角需要两到三个月的时间，而且将时时遭受潜艇的威胁，同时还要使用大量高级船只。敌人从意大利出发横穿地中海仅需两到三天的时间，少量的小型船只就能胜任。但是，马耳他要塞正好位于通往的黎波里航线的途中。我们在前几卷中看到这个岛是如何变成了一个真正的马蜂窝，此外，在 1941 年末，德军不得不拼尽全力遏制我们前进，并在小范围内取得成功。

1942 年，马耳他遭到猛烈空袭，陷入极大困境。1 月，隆美尔反攻取胜，由凯塞林主攻马耳他机场。在德国的压力下，意大利海军派

遭战舰支援德国开往的黎波里的运输船队。前文提到过，我们的地中海舰队遭到打击，只能进行小规模进攻。但是，我们从马耳他岛出动的潜艇和空军仍继续作战，以重创敌军。

2月，当时声望正高的雷德尔海军上将试图说服希特勒相信在地中海取得决定性胜利的重要性。在德国战列巡洋舰成功横穿马耳他海峡的第二天，在他们认为元首能听取意见的时候，雷德尔开始进言，并取得一些成效。起初，德军介入北非和地中海纯粹是为了援助实力弱小的同盟，但他们现在认为此举是为了打击英国在中东的势力。雷德尔详述了亚洲的形势及日军侵入印度洋事件。在陈述过程中，他说道："在东方，英国有位于西面的苏伊士运河和巴士拉两根支柱。如果轴心国能协调一致展开行动，在这一压力之下，上述据点将有可能失守，那么将对大英帝国产生灾难性的影响……"希特勒被说服了，不再关心帮助意大利这件徒劳无功的事，转而同意执行占领中东的宏伟计划。雷德尔坚持认为马耳他是关键，竭力主张立即准备运输船队，猛攻马耳他岛。

> 目前，地中海的有利形势很可能再也不会出现。所有报告都表明德军正全力将现有的增援部队全部运往埃及。因此，尽早攻占马耳他迫在眉睫，同时必须于1942年内展开占领苏伊士运河的行动。

雷德尔还提出一个稍逊一筹的方案：

> 如果轴心国没有占领马耳他岛，德国空军一定会按照之前的规模持续轰炸。仅空袭就能阻止敌人重建马耳他的进攻和防守力量。

希特勒及其军事顾问不赞成海上袭击马耳他的方案。直到最近，元首才下令最终取消入侵英国的计划，这个长期计划从1940年一直拖延到现在。妨碍计划执行的因素是，元首看重的空降部队在克里特岛被歼灭。虽然此次就德军参战攻占马耳他达成一致，但希特勒有所保留，他希望德军依靠空袭令马耳他屈服，或至少使其防御和其他活动陷入瘫痪。

我们正想办法将补给从东面运至马耳他。1月，四艘船顺利抵达。但在2月，由三艘船组成的运输队遭遇空袭而遇难。3月，挂着维安海军上将旗帜的"水上女神"号巡洋舰被潜艇击沉。到了5月，马耳他岛可能面临饥荒的威胁。

海军部已做好冒险运送补给物资的准备。3月20日，四艘商船离开亚历山大港，由四艘轻型巡洋舰组成强大的护航队。目前，海军上将维安在"克利奥帕特拉"号上继续担任指挥官。空袭从22日早上开始，意大利重型军舰也正赶来。"尤里路斯"号侦察到北面有四艘舰，英军立即掉头对其展开进攻，与此同时，商船在烟雾的掩护下向西南方向行进。敌人的巡洋舰停止作战，但仅仅两小时后就返回，由"利特里奥"号战列舰和另外两艘巡洋舰护航。接下来的两小时，维安将军的中队不畏困难，顶着德军的猛烈轰炸，英勇杀敌，成功完成护航任务。幸亏烟雾掩护有效，护航舰队和商船英勇作战，没有船只被炸毁。夜间，敌人撤退。我们的四艘轻型巡洋舰和十一艘驱逐舰在暴风雨中牵制住了最强大的战列舰——该舰由两艘重型巡洋舰、一艘轻型巡洋舰和十艘驱逐舰护航。尽管"克利奥帕特拉"号和三艘驱逐舰都被击中，但仍激战到底。

我发出如下电报：

首相致地中海战区总司令：

这场仗打得果断而漂亮，如果能向维安海军上将及与他并肩作战的官兵们转达我的钦佩嘉许之情，我将非常高兴……由两艘重型巡洋舰、一艘轻型巡洋舰和一支小舰队护航的最强大的现代化战列舰在光天化日之下被英国轻型巡洋舰和驱逐舰用鱼雷和火炮打得落荒而逃，这是海军战斗史上最

辉煌的一章，值得英国全体国民向参战的各级官兵，特别是
司令官致敬。

1942 年 3 月 25 日

　　由于维安海军上将的舰只不能在此处加油，难以继续护送运输船
队，只能让运输船队单独开往马耳他岛。只有极少量的宝贵物资运抵
马耳他岛守军处。当运输船接近该岛的时候，敌人就开始猛烈空袭。
"克兰坎贝尔"号和"布雷肯郡"号在距离目的地仅有八英里的地方
被炸沉，另外两艘在港口卸货时被炸沉。四艘运输船运载的两万六千
吨补给物资只运到了五千吨。接下来的三个月，马耳他没有获得任何
物资补给。

　　于是，我们决定直到有战斗机增援马耳他时，再重新派遣更多的
运输船队。3 月，从"鹰"号航空母舰上起飞三十四架飞机，但这远
远不够。维安将军的行动使德国人相信意大利海军无心恋战，德军必
须依靠自己。自 4 月开始，凯塞林开始轰炸马耳他，重创码头和停泊
在港口的船只。我们无法再将此处作为海军基地，4 月底之前要撤出
所有能够行驶的船只。

　　皇家空军继续留守，为自己的生命，也为整个岛屿而战。在战事
吃紧的那几周，我们仅有几架可用的战斗机。为了自保，也为了那些
以马耳他作为中途基地、要飞到埃及的飞机能持续起飞航行，我们的
空军竭尽所能。空军作战时，地勤人员或执勤，或为下一次任务加油，
士兵负责修复机场。在这场战争中，马耳他险胜，远在祖国的我们非
常担忧。

*　　*　　*

　　此时，我向罗斯福总统发出呼吁。他十分清楚，马耳他岛是我们
在地中海的全部希望和关键所在。

前海军人员致罗斯福总统：

1. 马耳他遭到非常严重的空袭。在西西里岛，德意军队各有大约四百架和两百架的战斗机和轰炸机，而我们在马耳他仅有二三十架可用的战斗机。我们使用从"鹰"号航空母舰上起飞的一批十六架的"喷火"式战斗机从西面六百英里处不间断地增援马耳他。我们多次使用这个方法，成功援助了马耳他，但"鹰"号转向器出现故障，需要一个月的时间修理。埃及已经没有"喷火"式战斗机了。"阿尔戈斯"号又小又慢，而且需要战斗机掩护，以便"喷火"式战斗机和护航机从航空母舰上起飞。我们本来也可以使用"胜利"号，但不幸的是，该舰的起重机太小，无法吊起"喷火"式飞机。因此，一整个月都没有"喷火"式战斗机增援。

2. 敌军在马耳他集结重兵，似乎企图根除我们的空军守卫力量，进而及时增援利比亚或者苏军前线。这意味着，无论如何马耳他都没有力量阻击隆美尔的增援部队，我们也没有机会再次对隆美尔发动进攻。

3. 如果海军参谋部就"黄蜂"号航空母舰的运输细节达成一致意见的话，您是否愿意派遣这一军舰增援马耳他岛？"黄蜂"号预计能装载五十多架"喷火"式战斗机。除非"黄蜂"号中途需要加油，否则可在夜间直接横穿直布罗陀海峡，直到返航前都不需要停留，因为"喷火"式飞机可在克莱德河流域上船。

4. 这样的话，虽然4月不能向马耳他增援"喷火"式战斗机，但可以一下调遣一大批"喷火"式战斗机飞向马耳他岛，那么我们就有机会重创敌人，甚至可能取得决定性的胜利。战事可能于4月的第三周开始。

1942年4月1日

罗斯福总统回电予以肯定。

罗斯福总统致首相：

您尚未提及"狂暴"号能否投入使用。"狂暴"号航空母舰定于 4 月 3 日从美国出发，经百慕大抵达克莱德。另外，"狂暴"号的设计图显示，其起重机足以吊起"喷火"式飞机。

金海军上将马上通过戈姆利通知庞德海军上将，如果对"狂暴"号的情况预估有误，就立即按照你们的要求使用"黄蜂"号。

1942 年 4 月 3 日

于是，"黄蜂"号派上用场。可是，马耳他岛的守军不仅要战斗，还得维持生计。

首相致伊斯梅将军，转参谋长委员会：

1. 发自马耳他总督的报告称，情势危急，应考虑采取措施。既然没有步枪或者机枪参与战斗，小型武器弹药供应不足的说法就十分奇怪了。

报告第一段的第三点是否可以理解为该岛守军完全吃不到肉，或者是他们还有可供屠宰的牲畜，如果有，还剩多少？4 月的护航舰又作何安排？

2. 我们肯定缺少大量运输飞机，但增加大型潜艇和"A"型快船又能如何？非常遗憾的是，我们未能找到"苏尔古夫"号，不然可派其增援马耳他。一艘潜艇能有多大运载量？我们运送一些维生素和浓缩食品如何？

1942 年 4 月 3 日

首相致第一海务大臣：

如何用潜艇补给马耳他？可否告知我一些细节？我知道移除一些炮位可增加潜艇的运载量，我希望能将具体细节告知美国当局,以便增援科里几多尔。

1942 年 4 月 12 日

* * *

4 月到 5 月间,从"黄蜂"号和"鹰"号航空母舰上起飞的一百二十六架飞机安然无恙地运至马耳他,结果令人十分满意。4 月,空袭达到高潮,但由于在 5 月 9 日和 10 日两天的大规模空战,现在轰炸开始减弱。当时,刚刚运来的六十架"喷火"式战斗机投入战斗,给敌机以毁灭性的打击。白天的空袭就这样戛然而止。6 月,另一场拯救马耳他岛的大规模行动拉开了序幕,这一次运输船计划从东面和西面同时开出。6 月 11 日夜间,六艘船在配有防空设备的"开罗"号巡洋舰和九艘驱逐舰的护送下从西部驶入地中海。由海军上将柯蒂率领战列舰"马来亚"号、航空母舰"鹰"号和"阿尔戈斯"号以及八艘驱逐舰支援。14 日,敌军在撒丁岛附近展开猛烈突袭,炸沉一艘商船,"利物浦"号被击中,无法继续作战。当晚,当运输船队驶近突尼斯海峡时,大批护航舰只撤退了。但第二天早晨,运输船队驶近班泰雷利亚岛南部时,两艘意大利巡洋舰在驱逐舰和多架飞机的支援下向我方展开进攻。英国船只上的大炮射程不够,还未完全驱逐敌人,"贝多英"号驱逐舰就被击沉了,另一艘驱逐舰也受重伤,我军蒙受损失。一整天空袭都没有间断,又有三艘商船被炸沉。运输船队损失惨重,只有两艘于当晚到达马耳他。

东部运输船队的十一艘船运气更差。继 3 月击退敌舰后,维安海军上将再度担任指挥,这次他可派遣更强大的巡洋舰和驱逐舰执行掩护任务,但他没有战列舰和航空母舰的支援,而且意大利舰队也很有可能派出主力舰队应战。运输船队于 11 日启程,于 14 日驶抵克里特岛以南时遭到猛烈而持续的空袭。当天晚上,维安获悉,包括两艘"利特里奥"级战列舰在内的敌方舰队已驶离塔兰托。维安曾希望能够出动英国潜艇以及驻守在昔兰尼加和马耳他的空军,在敌舰迫近时

将其摧毁。不久，一艘意大利巡洋舰被击中，最终沉入大海。敌舰还未结束战斗便继续向东南方驶去，15 日早晨，我军以多对少的拦截战一触即发。"赫米昂"号巡洋舰被潜艇击中，三艘驱逐舰和两艘商船遭遇空袭。因此，运输船队及其护航队不得不驶回埃及。英国皇家空军遭受巨大损失。意大利方面有一艘重型巡洋舰被击毁，还有一艘战列舰受损。但是，从东面驶往马耳他岛的航道仍被敌军封锁。直到 11 月，无任何一支运输船队从此顺利通过。

因此，尽管我们付出了巨大努力，十七艘供应船中仅有两艘抵达马耳他岛，这里依然是危机四伏。

＊　　＊　　＊

德国档案表明，当时在敌人看来，马耳他和沙漠行动紧密相连，而且相互影响。只要马耳他的空军和小型舰队能够击打敌人的交通线，敌军的沙漠行动就会受到影响，削弱马耳他的战斗力或者占领这个岛是他们的主要目标。为了实现这个目标，德军在西西里岛机场集结的兵力将不断增加。另一方面，隆美尔采取积极行动，要求驻守的黎波里的空军进行支援。可是，一旦减轻对马耳他的打击，这个岛就立即恢复了战斗力，能够竭尽全力打击敌人的运输船队。除了攻占马耳他，敌军别无他法。隆美尔急需汽油和援军，但首先是汽油。在 3 月和 4 月，德军将集中火力攻打马耳他，昼夜不停的残酷轰炸将令整个岛屿面目全非，奄奄一息。

4 月初，从非洲前线回来后，陆军元帅凯塞林与墨索里尼和卡瓦勒罗将军会面。凯塞林认为，空袭马耳他使之在将来一段时间内无法再用作海军基地，而且其空中威胁也将大为减弱。据凯塞林报告，隆美尔计划在 6 月攻打英军，占领托布鲁克。在马耳他完全陷落之时，如果额外的补给能够到位，他就可以达成目标。

墨索里尼决定加快占领马耳他的准备工作。他向德国求援，并提出于 5 月底开始进攻。行动代号是"赫尔克里士"，这个代号在 4 月下

句的电文中将屡次出现。卡瓦勒罗答应派遣意大利伞兵师的两个团、一个工兵营和五个炮兵连。希特勒命令德国派出两个伞兵营、一个工兵营以及可运载一个营的运输飞机，海军还将派出一定数量的驳船。

* * *

斯塔福德·克里普斯爵士从印度返回途经开罗时，我再次感受到让他明白奥金莱克采取行动是多么事关重大、迫在眉睫！我们对他出国会谈的结果极为不满。

首相致掌玺大臣（开罗）：

我希望你不要让人们以为我们并未特别担心利比亚军队的长期休战。在我看来，隆美尔的军队可能比我们壮大得更快。既然一支潜艇部队必须从地中海开往印度洋，而且马耳他遭遇空袭、无法驻扎轰炸机分队，那么从意大利前往的黎波里的途中就不会有很大阻碍。另外，中东的空军力量将不断地被抽调，以应对印度的紧急情况。竭力劝说一位将军，让他接受自己无法认同的意见毫无用处，但我想让你知道，我和参谋长的观点依然没有改变。

1942 年 4 月 14 日

* * *

柯廷先生让自己的部队继续留在沙漠作战，我们所有人都对此表示感激。

首相致柯廷先生（澳大利亚）：

您决定让第九澳大利亚师暂留中东，对此我表示非常感激。美军将无条件地在澳洲作战，对此我们已达成共识，当

然这也是我的愿望。在决定自己军队的行动方面，您拥有完全的自由，过去是这样，将来也是。

1942 年 4 月 15 日

*　　*　　*

马耳他迫切需要援助。许多据点已经不堪重负。多比将军感到非常焦虑。在 3 月，他曾说形势危急，在 4 月 20 日，他报告："情况越来越糟，如果急需的物资，特别是面粉和弹药不能及时补给的话，最坏的情况就可能出现。这是一个关系到生死存亡的问题。"几天之后，他又补充说，面包消耗将减少四分之一，只能坚持到 6 月中旬。

我准备让海军冒着极大的风险前去拯救马耳他，海军部也完全赞同。我们准备——也是备选方案之一——派遣萨默维尔海军上将及其所有航空母舰与"沃斯派特"号经运河抵达地中海，护送运输船前往马耳他；同时我们还希望在途中能与意大利海军交战。我请求罗斯福总统让"黄蜂"号运载"喷火"式飞机，再次前往马耳他岛。"没有这一支援，马耳他危在旦夕。可是，马耳他防线正在消耗敌人的空军并有效援助苏联。"总统的回答正合我意。他在 4 月 25 日的回电中说："我很高兴地告诉您，'黄蜂'号可以运载'喷火'式飞机再次前往马耳他。"

首相致空军参谋长：

总统已经同意"黄蜂"号再次前往马耳他，在接下来的八周，请将每一周的"喷火"式飞机增援马耳他岛的计划告知于我。

1942 年 4 月 25 日

前海军人员致罗斯福总统：

关于马达加斯加情况的来电已收悉，非常感谢！所有准备已就绪。还要感谢您派遣"黄蜂"号给敌人有力一击。

　　　　　　　　　　　　　　　　1942 年 4 月 29 日

　　　　　　　*　　　*　　　*

　　现在讲讲"黄蜂"号的故事吧。5 月 9 日，"黄蜂"号顺利地向苦苦挣扎的马耳他运送最重要的"喷火"式飞机。我发去电报："谁说黄蜂不能蜇人两次？""黄蜂"号对我的欣赏之情表示感谢。唉，可怜的"黄蜂"号！它于 9 月 15 日离开危险的地中海前往太平洋的途中被日本鱼雷炸沉。幸好英勇的船员都得以获救。这是一系列因果事件中的一环。

　　在 4 月，传来了关于多比将军的坏消息。在这之前，他是个大人物，大英帝国所有的目光都集聚在他身上——据守要地的克伦威尔式的人物。可是，长期的压力压垮了他。得知这个消息，我感到非常遗憾，一开始简直无法接受这一事实。但必须挑选继任者。我认为，现任直布罗陀总督的戈特勋爵是一位真正的勇士。凯西先生将前去开罗就任国务大臣，我委托他在途经直布罗陀时向戈特详细说明事情的原委。

　　丘吉尔先生致戈特勋爵：

　　　　我想借国务大臣取道直布罗陀和马耳他岛的机会写封短信。凯西先生会向你说明，在这最危急的时刻，马耳他的统帅可能会出现变动。如果情况确实如此，我们认为你是担当此任的最佳人选。你放心，我会竭尽所能，派出大批运输船队，于 6 月底为马耳他运输补给物资。与此同时，继续从西面向马耳他提供"喷火"式飞机。

　　　　我从报告中获悉，你在组织直布罗陀的防务方面极为出色，令驻军一直保持高涨的士气，对此我甚感欣慰。一旦由你担当统帅的大任，就会赋予你更大的权力，而英王陛下政

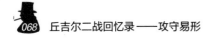
府和你真挚的朋友也会非常信任你。

1942 年 4 月 25 日

*   *   *

  此时，隆美尔也正在制订进攻计划。至于进攻时间，他说道："占领马耳他之后，装甲集团军就立即出动。如果马耳他战事到 6 月 1 日还没结束，装甲集团军则无须等待，立即攻占该岛。"希特勒在 4 月 30 日的计划中提到，于 5 月 1 日晚之前在野外摧毁英军，然后奇袭托布鲁克。但是，这一系列行动取决于隆美尔具体指定的援军、石油、军火、车辆和食物是否能到位。他还询问了未来可在空战和海战中得到的额外支援，并希望重型海军舰只和突击艇能够"压制驻扎在亚历山大港的英国舰队"。

  卡瓦勒罗于 5 月 6 日到达非洲，商讨近期战事。他的观点和远在伦敦的我们一致，即占领托布鲁克是轴心国继续推进的主要条件。如果占领托布鲁克的计划失败，那么他们最远只能到达加柴拉一线或以西区域。所有行动必须在 6 月 20 日之前结束，因为昔兰尼加的部分空军在 6 月 20 日之后会因"其他地方的战事"而撤离。由于班加西的进口数量每天都达两千吨，也许这能够满足隆美尔的要求，但他不可能指望从德国或意大利获取更多的物资。

*   *   *

  可将隆美尔的作战意图和奥金莱克的进行对比，奥金莱克正好发来电报，他称将在沙漠之战中采取守势，并希望印度派遣大量援军。这与我的想法完全相悖。我复电说：

  首相致奥金莱克将军：
    ……尽管我们对你再次减少中东驻军以帮助印度摆脱险

境一事表示感激，但我们认为，在这一危急关头，如果你能在西线和敌人较量并取得胜利，就能给予我们整场战争最大的帮助。所有关于这个问题的指令，其目标和可行性从未改变，我们也相信，你会在同掌玺大臣商定的时间内按照指令采取行动。

1942 年 5 月 5 日

不久，奥金莱克将军又发来一封电报称，想进一步推迟与敌人交战的时间。我将此事告知了所有军政同僚。

首相致奥金莱克将军：

1. 三军参谋长、国防委员会和战时内阁从整个战局出发认真考虑了你的致电内容，他们专门提及马耳他，对大英帝国来说，损失这个岛屿将造成最大的灾难，而从长远出发，这也将对尼罗河流域的防御产生致命威胁。

2. 我们一致认为，尽管会面临你所提到的那些风险，但还是应当发动攻势，可能的话，于 5 月发动一场决战，而且越早越好。我们已做好为这些指令承担全部责任的准备，并给予你必要的执行命令的自由。你肯定已注意到，敌人打算于 6 月初向你发动进攻。

1942 年 5 月 8 日

激烈讨论之后，我们一致决定向奥金莱克将军发出明确命令，他必须服从，否则解除其职务。对我们来说，如此对待一位高级军事指挥官十分少见。

首相致奥金莱克将军：

1. 三军参谋长、国防委员会和战时内阁再次审视了整体战争形势。我们不允许由你率领的军队不发一弹一枪就让马

耳他落入敌手。马耳他要塞被困将导致三万多名陆军和空军投降，同时还将损失数百门大炮。占据马耳他意味着敌军获得了一个通往非洲的可靠桥梁以及由此产生的其他好处。如果要塞沦陷，空中航线将被切断，而你们同印方所需的增援全都依赖于空运。除此之外，这还会严重影响即将对意大利发动的进攻，也同样会殃及未来的"杂技家"和"体育家"等作战计划。与这些灾难相比，我们认为你所列出的保卫埃及的风险要小得多，所以我们全盘接受。

2. 因此，我们重申了自己的意见，同时附加以下条件，即我们可准许的最迟与敌交战的时间是能及时牵制敌军，从而帮助运输船队于6月的黑暗时期安全通航的日期。

1942 年 5 月 10 日

过了很久我们都没收到回复，所以，在这期间我们不知道奥金莱克将军到底是接受命令还是打算卸职。

首相致奥金莱克将军：

鉴于我们最近往来的电报，十分有必要了解你的大致想法。

1942 年 5 月 17 日

他终于回复了。

奥金莱克将军致首相：

1. 我打算执行您于5月10日下达的指令。

2. 我认为，您发电报的目的并非仅仅要求打一仗，牵制住敌人，从而帮助马耳他的运输船。在利比亚发动战争的最根本目的在于，歼灭敌人，占领昔兰尼加，并在此基础上最终将敌人逐出利比亚。如果我的推断有误，请立即告诉我，

因为组织一次大规模进攻与仅为牵制敌人而战是完全不同的。我现在姑且按照自己的想法行事。

3. 即便要发动大规模进攻，开始的时间也必须安排好，这样才能牵制敌人，保护马耳他的运输船队。以下三个因素决定了何时发动进攻：首先，运输船何时起航；其次，从现在到开始行动，敌人的动向问题；最后，敌我空军实力对比。我们一直在仔细研究上述三个因素。

4. 种种迹象表明，敌人计划近期攻打我军。如果敌军真正展开进攻，我们未来的行动将受制于这场战役的结果，目前尚不能预测。

5. 假定敌人不进攻，我打算让里奇将军在利比亚展开攻势，而进攻应尽量达成以下目标——最大限度地牵制敌军，进而保护驶往马耳他的运输船；保证作战部队做好最充分的准备。您可能会意识到，这些想法之间互相冲突，必须在一定程度上互相妥协，而应由我负责和其他总司令官进行磋商并做出决定。我们已详细阐述避免作战失败的重要性，因此无须赘述。

1942 年 5 月 19 日

我立即回电：

首相致奥金莱克将军：

你完全理解我于 5 月 10 日下达的指令。我们认为是时候检验昔兰尼加的实力了，马耳他的存亡也与此直接相关……

我们当然明白，胜败乃兵家常事。没有常胜将军。但是，不管战争是由敌人率先发起进攻，而你方对此早有防范，随即组织反攻，还是由你方率先发动进攻，我们都无限信任你和由你率领的英勇军队。无论发生什么事，我们都将竭尽全力支持你。

如果你能亲自上阵指挥，正如你之前在西迪雷泽格必须做的那样，我个人认为胜算将会更大。但在这一点上，我不会以任何方式强迫你。

新西兰师是否应更靠近前线？你在和新西兰政府打交道的过程中需要任何帮助，请一定告诉我。

1942 年 5 月 20 日

奥金莱克将军不接受最后两个提议。他给出自己的理由。我们等着看这位将军是如何为事态发展所迫而采纳这两个提议的。可是，唉，太晚了。

奥金莱克将军致首相：

我对自己的任务了然于胸，我会尽我所能完成，让您满意。

您对我及我所率领的军队信心十足，对此我表示十分感谢！同时也感谢您时常给予的支持，过去我们对此也深有体会。

我个人非常愿意在利比亚亲自上阵指挥，但我认为这种做法可能是错的。仔细考虑这种可能性之后，我得出一个结论，如果潜心研究在利比亚的战术问题，我将难以区别事情的轻重缓急。我还觉得随时会出现一种情况：是决定在无严重障碍的情况下继续增援并支持第八集团军，还是应该撤退、设法建立北部防线？为了尽可能地帮助里奇将军，我现在正削弱这条防线。经过一番权衡利弊之后，我认为我应该驻守在原地。但是，我希望您能相信我——我能适应当前局势；如果形势需要，我也能亲临战场指挥。我与里奇将军联系紧密，时时都会想到他。希望一切顺利。

我仔细考虑过是否可将新西兰师从叙利亚调至埃及。除去政治方面的考虑——因为我相信您能解决，还有其他因素。

目前，我不愿削减叙利亚的军队，一部分原因是这个国家本身的政治局面不稳定，另外一部分原因是这可能会影响土耳其人，他们的态度我尚不确定。一旦形势需要，我准备将训练有素的第十英印师从伊拉克调出，增援第八师。同时，我已指定第四英印师的一个旅作为临时增援部队。有了这些增援，第八集团军的粮食和水的供应就可达到饱和状态……

再次感谢您发来的表示支持的电文。我们会像过去一样努力奋战。我对自己的军队和部署有信心。我坚信我们会获得胜利，为成就伟业而祈祷。

1942 年 5 月 22 日

* * *

就在此时，我草拟了一封致奥金莱克将军的电报，表达自己在军事方面的想法。但再三考虑后，没有发出，因为我不想过多干预奥金莱克将军的领域。

以下纯属个人意见，完全不是正式观点。

1. 看来敌人的确马上就会向你们发起进攻。你认为，这是第八集团军施展的最好时机，但我并不完全赞同。尽管许多著名的战争都是先击退进攻者，再反攻而取胜的，但这一回我却不禁想起拿破仑在奥斯特里茨一役①粉碎对方意料中的反攻这一史实。我们常常认为，当德军在制订缜密计划的过程中因意外事件而被打乱的时候会格外恼火。目前，先发制人对装甲部队来说具有特殊价值，因此，在这段时间内我们更倾向于采用这种战略手段。总之，我们和德军都有各自

---

① 1805 年，拿破仑在奥斯特里茨村（今捷克境内）以少胜多，击败俄奥联军。——译者注

的作战计划，而且互相冲突，所以这对彼此而言都有很强的吸引力。我们可选择大好时机，在敌人最脆弱的时候予以打击。

　　2. 对于你长期研究的即将发生的战事，我发表过一些粗浅的看法，敬请原谅。我十分关心你的事务，所以忍不住说了出来。

*　　*　　*

　　我常常用简短的轶事记录我所深刻理解的战略真理，它们以这种形式存入我的脑海。其中一则特别出名，讲的是一个人让熊吃掉一包炸药的故事。这个人小心翼翼地调制炸药，不仅是成分，就连分量也要绝对精准。他把炸药卷在一个大纸卷里，准备倒进熊的嘴巴里时，熊却先出手了。

　　此刻，我敢把这个故事写出来是因为苏格拉底的话给了我勇气。他说："喜剧和悲剧在本质上是相同的，应当由同一作家来撰写。"

第五章

FIVE

"立即开辟第二战场！"

罗斯福总统的宏伟蓝图——霍普金斯和马歇尔将军抵达伦敦——4月12日，我致电美国总统——马歇尔将军发表声明——霍普金斯对马歇尔将军表示支持——美方计划得到一致赞同——保卫印度，英国责无旁贷——我支持在1943年实施横跨海峡的全面进攻计划

当时，苏联的情况也让罗斯福总统颇为忧心。于是，他便同其参谋部一同商讨减轻苏联的军事压力的方案。

总统致前海军人员：

目前，同盟国有许多长期存在的军事问题亟待解决，我全面调查了这些问题并得出一些结论。我认为这些结论相当重要，因此便希望您也能了解全部情况，并且也希望这些观点能得到您的赞同。全部问题都要依靠英美双方通力合作才能得以解决，因此，哈里和马歇尔将军将会于近日前往伦敦，初步告诉您问题的要点。我真切地希望苏联方面会支持这些计划。因此在您会见完哈里和马歇尔，并告知他们您的意见之后，我计划让斯大林立即派遣两位特使访美。我认为必须完全遵照英美两国人民的民意来制订这项计划。最后，我希望能够称这项计划为"同盟国计划"。

1942年4月2日

不久，我又接到罗斯福总统的来信，内容如下：

尊敬的温斯顿先生：

　　哈里和乔治·马歇尔将转告给您的一切都是我的肺腑之言。为了减轻苏联的压力，英美两国人民要求我们开辟第二战场。明智的两国人民看到了苏联在战争中做出的贡献，苏联所消灭的德军、所摧毁的武器装备比你我两国总和还要多。虽然我们还未取得全面胜利，但这始终是我们追求的伟大目标。

　　我们必须实现这个计划！只有这样，就算德军察觉到了我们的计划，我们也能够保证叙利亚和埃及的安全。

　　祝您万事顺利。我已委派美国海军医官富尔顿全权照顾哈里，请叫他早点休息并务必令他遵从医嘱。

您永远的朋友F.D.罗斯福
华盛顿，白宫
4月3日，晚11时

4月8日，霍普金斯和马歇尔将军抵达伦敦，他们带来了一本美国参谋长联席会议拟定并经由总统批准的备忘录，这份备忘录内容翔实。

西欧作战计划

　　美英两国决定在西欧发起首次大规模进攻，只有在西欧，英美两国才能充分发挥陆空联合作战力量，并给予苏联最大限度的支持。

　　至于是否要发动攻势，我们必须立即做出决定，因为我们需要进行多方面的准备工作。在发动大规模攻势前，我们必须牵制住西欧敌军，同时还要善用策略组织突击，让敌军捉摸不定。这样一来我们不仅能够获得有用的情报，还将得到宝贵的实战机会。

　　此次联合进攻共需要四十八个师（含九个装甲师），其

中，英国需派出十八个师（含三个装甲师）。我们还需要派出五千八百架战斗机支援空战，其中，英国应提供两千五百五十架。

计划能否顺利实施，关键在于速度。我们这一计划主要有两大限制因素：一是缺少攻击时所用的登陆艇；二是缺少将必要的作战部队从美国运至英国的船只。在不影响其他战场主要行动的前提下，倘若除美国以外的国家能提供船只，承担百分之六十的运输任务，那么这些部队便可在 1943 年 4月 1 日前运载完毕。假如这项计划完全依靠美国船只，进攻的日期则势必要推迟到 1943 年夏末。

我们必须极力加快建造速度，以完成约七千艘登陆艇的建造目标。同时，我们也要加快进行用于接待及管理大批美国陆空分遣队的准备工作。

进攻地点应该选在勒阿弗尔和布洛涅之间的海滩地带，且我们至少要派出六个师参加首次攻击，还要安排空降部队加以支援。此后，我们平均每个星期要补充至少十万兵力参战。我们一旦巩固了滩头阵地，就应立刻派遣装甲部队攻占瓦兹—圣康坦一线。接着，我们要拿下的下一个目标便是安特卫普了。

既然在 1943 年 4 月 1 日前，我们难以发动如此大规模的进攻，那么为了能随时调集这些部队中的可用兵力参加行动，我们需要制订一项计划，并且要不时更新使之适应形势。倘若发生特殊情况，这些计划便可应急：1. 在德军突然瓦解时能加以利用；2. "舍生取义"——在苏联防守即将崩溃时应急上阵。在任何情况下，占据当地的空中优势都至关重要。另一方面，在 1942 年秋季，美方将无法派遣或维持五个师的兵力参加此战，因此，在这期间，英国要承担起派遣军队的主要责任。打个比方说，9 月 15 日我们需要五个师的兵力，可是美国只能提供两个半师外加七八架战斗机。这样一来，

英国就需要提供五千架飞机参战了。

1942 年 4 月

*　　*　　*

漫长的行程让霍普金斯有些吃不消，他病了两三天。而马歇尔将军在抵达后就立即与我方三军参谋长展开会谈。在 14 日即星期二之后，我们才能组织召开国防委员会参与的正式会议。在此期间，我亦同三军参谋长及同僚就整体战局展开了讨论。很显然，美方极想介入欧洲战场，并且把打垮希特勒当成头等大事，这让我们感到安心。无疑，美方这一观点也同样是我们一切战略理念的根基。另一方面，我和我们的军事顾问们都在设法为 1943 年夏末前英美军队的横跨海峡作战设计切实可行的方案。1941 年 12 月，我在飞往华盛顿的旅行中提过我的目标和时间安排，并且也给罗斯福总统看过这些文件。美国还有个新主意，他们打算在 1942 年秋季实施一次预备性紧急登陆，这次登陆规模不大，但颇具威胁性。为了减轻苏联压力，也为了总体战局，我们非常乐意研究这项新计划，也十分希望能有更多牵制方案出炉。

我仔细研究了罗斯福总统的备忘录，听取了三军参谋长的意见，随后，我向罗斯福总统发电，内容如下：

前海军人员致罗斯福总统：

我一丝不苟地读完了您精心准备的包括战争未来走势和拟议的主要作战计划的文件。我和我方三军参谋长都完全赞同您的所有提议。当然，在准备主要攻势的同时，我们也需要应对日益紧张的东方及远东的局势。我们紧锣密鼓地研究了各种细节，也开始了已确定行动的准备工作。14 日，周二晚间，国防委员会将开会讨论以上所有事宜，马歇尔和哈里亦将参会。我确信，我方一定对您的提议毫无异议，且我将会把相关文件发给您。

我们为了应对某些意外事件而准备在今年发动一次临时攻势。现在可以说，我认为这项提案出台所面临的种种困难和不确定因素已经得到了妥善解决。据我们的专家看来，倘若整个计划能够顺利实施，那我们必将完成战争史上的一项壮举。

1942 年 4 月 12 日

14 日夜间，国防委员会与美国盟友在唐宁街 10 号共商战事。这次会议想必事关重大，因此我事先邀请了伊斯梅将军亲自记录会议内容，记载如下：

在为这场会议做开场白时，我谈到，国防委员会和三军参谋长分别专门开会研究过霍普金斯和马歇尔带来的重要方案，而我更是毫不犹豫地坚决支持这项计划。这项计划的基本概念和战争的典型原则完全吻合，即集中力量打击主要敌人。然而，我们有一项明确的保留意见，那便是，印度及中东地区的防守必不可少。我们无法承受六十万兵力及印度全部人力的损失，也绝不能丢掉澳大利亚和连接澳美两国的岛屿基地。这意味着，在促成马歇尔将军所提出的主要计划时，也要兼顾其他战事。

马歇尔将军说道，我们已经就 1943 年所要实施的行动及发动最强劲的空中攻势打击德国的问题达成一致。我们面临的主要难题是提供足够的舰艇以满足载重量要求，还要派出足够的登陆艇、飞机，还有海上护航队，而提供参战部队倒不是什么大问题。

在同英国三军参谋长进行会谈时，马歇尔将军被问到了以下两点：一是美方能否为中东及印度战场提供充足的物资；二是除发动大规模袭击以外，是否还有其他可行手段能使我们在 1942 年登陆欧洲大陆？这可能是我们将来不得不采取的

行动，无论如何我们必须为此做好准备。马歇尔认为，这些困难都可以得到解决，因为联合空军的规模使我们有能力掌握基本制空权，更何况德军的绝大多数力量被苏联牵制，这也极大地减轻了我们的行动难度。德国也该尝尝没有空军支援的滋味了。马歇尔在离开美国之前，已经没剩多少时间来研究1942年的行动了。根据现有资料，他推断作战计划很难在9月前付诸实施，并且在这期间美方也腾不出太多兵力参战。然而，9月后，美方便可派出全部武装力量协助行动实施。罗斯福总统特别强调，他希望美方军队在需要承担的各种任务上竭尽全力。

艾伦·布鲁克爵士说，英国三军参谋长完全赞同马歇尔将军1943年的行动计划。而1942年的欧洲大陆军事行动则要视德国进攻苏联的进展来确定。我们认为在9月前诸多条件便可成熟。

德国是最主要的敌人，这一点三军参谋长毫无异议。然而，我们也必须坚决打击日本并切断其与德国的联系。印度洋决不能落入日本人之手，否则，不仅中东地区将面临极大的威胁，我们也将丢失波斯湾的石油供应。这将会带来严重的后果，德国可趁机解决石油难题，我们前往苏联的南部通道也将被切断，土耳其将孤立无援。不仅如此，德国还可直达黑海，与日本互通有无。

接着，我补充道，在未来两三个月里，英国无法独自对抗日军将在印度洋投入的海军力量。目前，我们尚不清楚美国海军将在太平洋地区实施怎样的计划和行动。在那个地区，我们的首要任务便是要确保我方舰载飞机在与日军的战斗中占据优势。不久，英方便会有三艘航母进驻印度洋，并适时同"狂暴"号会师。

霍普金斯先生说，倘若直接对抗日本是舆论所向，那美国自当顺应民心。然而，在激烈讨论之后，罗斯福总统和美

国军方指挥官还是决定将主要军事力量用于对抗德国。不管怎样，在美国政府对中东地区以及诸如苏联、澳大利亚和太平洋等主要战场的立场问题上，人们都不应产生误解。美方主要基于两方面的考虑做出决定，其一，美国希望不仅在海上，也要在陆空作战。其二，美国希望在对整体战局帮助最大且能占据优势的地区作战，并且能与英国通力合作。倘若这场行动要在今年展开，无论何时，美国都将全力以赴。之所以建议最早在 9 月开展行动，是因为美方担心自己难以充分发挥作用。

在了解到英美两国舆论后，他意识到人们对美国海军的动向感到不安。然而，就这一点，人们大可放心。美英海军必将全面合作，迫使敌军采取行动，唯一需要担心的是，怎样创造有利的作战条件。

至于澳大利亚和其他战场，毋庸置疑，美国会履行其义务。不过目前，美国的全部精力都集中在这项伟大的行动上，并迫切希望能与英国通力合作，并肩作战。

查尔斯·波特尔爵士说，我们必须牢记，横渡海峡发动空中攻势和远征军登陆是不同的。前者可以随我们意愿继续或停止行动，然而面对后者，我们却无法随心所欲，只要有部队留在欧洲大陆上，我们便不能放弃空中攻势。因而，只要有远征军出动，我们就必须确保，从始至终远征军都能获得空中支援。

最后，我总结道，虽然 1943 年横跨海峡进攻计划的具体细节还有待商榷，但我们已就行动的大体框架达成了一致意见。英美两国必将精诚合作，并肩作战。我将把此次达成的全部共识转告罗斯福总统，同时也请求他满足印度洋战场的必要需求，这些需求关系到整体计划的成败。现在，我们必须以坚定的决心开始全面准备工作。不久，越来越多的人将会知道，为了全欧洲的自由，讲英语的民族决定发起一次伟

大的战役。我们正在考虑,是否要找个恰当的时机公开此次行动。

这项计划现在有了名字,叫作"围歼"行动,不过,起名的不是我。在此基础上,所有人都为了这一计划努力工作、满怀信心、充满期冀。我致电罗斯福总统,内容如下:

前海军人员致罗斯福总统:

1. 上周二我们举行了一次重要会议,并记载了全部会议内容,三军参谋长也对您的提议提出了详尽的意见,这些都将由您的特使带回给您。然而,我认为您还是希望尽快了解我们所达成的共识。

2. 您提议集中全力打击主要敌人,这一点我们完全同意。我们也由衷地支持您的计划。可是,在此基础上,我们有一个重要的条件。我在 4 月 15 日发给您的电报中也提到了,目前,我们最主要的任务就是防止日德两国会师。因此,目前我们必须保留一部分资源,以阻止日军前进。在会上,我们已充分讨论了这个问题,马歇尔自信地认为,我们两国能在继续准备您的主要行动的同时,为印度洋和其他战场提供必需的资源。

3. 1943 年的作战计划简单明了,我们已立即开始策划联合行动方案,并着手展开准备行动。您的计划提到,这项计划不得不在今年实施,这一点我们也深以为然。然而,您将 9 月中旬定为最早行动日期,我们却认为,不必等到那天,行动的条件便可成熟。马歇尔解释称,您希望等到能派出有力的空军力量后再开始行动,以规避战役可能面临的巨大风险和可怕后果。然而,他又让我们确信,如果我们认为需要提前行动的话,总统先生您一定会不遗余力地将现有人力物力全部投入此次战斗。我们的一切计划和准备工作都基于此。

大致来讲，我们一致认同在大陆上的攻势应采取逐步加强的战略。在美方的参与下，我们首先要不断增强昼夜空中攻势，且要更为频繁地发动大规模空袭。

4. 4月2日，您在电报中提议，应该请斯大林立刻派遣两位使节前去见您，与您商讨这项行动计划，对此我深表赞同。无论如何，我们都没法隐藏为这项大规模行动而做的大量准备工作。然而，我们要在整个欧洲海岸线上采取行动，从北角直到巴荣纳，这时，我们便需要设法瞒住敌人，不让他们知道我们进攻的兵力、时间、战略及进攻地点。我们确实需要考虑是否应该公开声明，指出英美两国决心进军欧洲大陆，为解放受苦受难的各国人民携手抗敌。我将另发一封电报详谈最后这一点。

1942 年 4 月 17 日

罗斯福总统回电，内容如下：

罗斯福总统致前海军人员：

您及您的军事顾问和我的两位代表所达成的协议让我深感欣慰。马歇尔和霍普金斯已经向我报告，他们带去伦敦的提议得到了一致支持。您又亲自发报证实这一点，对此我深表感谢。

我相信这次行动将会给希特勒造成沉重打击，还有可能成为希特勒垮台的关键。对此我尤为振奋。您放心，我们的军队将怀着满腔热情，斗志昂扬地参加此次战役。

对于发表公开声明一事，我稍做考虑后将很快给您答复。

我相信，日德会师必将大费周章。然而，我明白，我们必须时刻关注此事，提防其未来发生的可能性。

与此同时，您将会在新闻中看到，我们的空军给了日军一次沉重打击。我也希望尽可能阻挠日本在印度洋地区部署

大型舰只。庞德将军正在前往华盛顿的途中，一两天内，我便能同他就上述问题进行探讨。

虽然目前我们还面临诸多困难，但是坦白说，同过去两年的任何时期相比，我认为现在的形势最为乐观。

再次感谢您对马歇尔和霍普金斯的热情招待。

1942 年 4 月 22 日

*   *   *

现在，请允许我谈谈自己的看法，对于我已经决定要做和认为应该做的事，我向来态度坚定。

我们在准备 1943 年大作战的同时，也定会承担战争中其他应尽责任。目前，印度很可能已经受到了日本威胁，大英帝国的首要任务便是守卫印度安全，印度对战争全局也有极为关键的影响，保卫英王陛下的四亿印度子民是我们应尽的责任。中国已被日军肆意蹂躏践踏，倘若印度人民遭受类似的磨难，这将会是我们的耻辱。况且，听任日德在印度或是中东地区联手，将会给盟国事业带来不可估量的损失。在我心目中，日德联手的可怕程度几乎相当于苏联被迫撤回乌拉尔后方，或是苏德单独媾和。当然，我只不过是做个假设罢了。苏联军队和全体国民都在为保卫国土而英勇战斗，我对他们充满信心。然而，我不得不向美方使者讲明，虽然我们的印度帝国历史辉煌，但是对敌人来说，却是个简单易得的猎物。倘若英国不积极加以援助，印度很可能在几个月内沦陷。相比而言，苏联是块难啃的骨头。希特勒若想征服苏联，势必耗时良久，并且要付出极大的代价。在这一切计划完成之前，英美必须掌握战争中的绝对制空权，这样一来，即使其他任务全都失败了，我们还可以依靠空中优势扭转战局。

霍普金斯提到"1943 年，我们要对法国北部的敌人发起一次正面进攻"。这一点我完全赞同，但是，从现在到正式进攻期间，我们要采取些什么行动？总不能因为这次行动，而让这些参战部队一直原地待

命。关于这个问题，我和马歇尔将军意见不一。马歇尔将军提议，将这些兵力用于攻占瑟堡，最好再拿下布雷斯特。英国需负责提供海军、空军、三分之二的陆军，还有可供使用的登陆艇，也就是说要承担此次作战任务的主要责任。美国则只能派出两三个师，并且格外值得留意的是，这些部队都是新近征召来的，至少需要训练两年，才能成为一流部队。因此，英国参谋部对这项计划的意见尤为重要。无疑，严密的技术研究也必不可少。

虽然我从未否定过马歇尔将军的计划，但我还是设计了其他两个候选方案。其一便是在法属北非（摩洛哥、阿尔及利亚和突尼斯）登陆。在当时，这个行动被称为"体育家"行动，而后发展成为伟大的"火炬"行动。其二是我一直很向往的一个计划，我认为这项计划和进攻法属北非的计划一样可行。这项计划名为"朱庇特"行动，也就是解放挪威北部的作战行动。这不仅可以直接援助苏联，也是直接配合苏联陆海空军队作战的唯一途径。不仅如此，保住欧洲最北端，也就意味着打开了向苏联供应大批物资的渠道。照这项计划，作战地点将在北极地区，这意味着，我们此战并不需要消耗太多人力、物力和弹药。德国在北角地区以极小的代价占领了这些关键的战略据点。我们也可以轻松夺回这些地点，相较于目前的战争规模，这些投入根本不算什么。在这两个方案中，我个人倾向于"火炬"行动。但要完全照我的意思行事的话，我也会在1942年试试"朱庇特"行动。

在我看来，在瑟堡建立滩头阵地难度颇大，也不容易获得支持，这个方案不仅很难立竿见影，最终也收效甚微。我们最好还是派半数兵力进攻法属北非，其余半数则向北角进击。再静待一年，不要贸然强攻德国设在英吉利海峡对面的防线。

当时想到的这些计划，直到现在我都一直坚持着。然而，我非常乐意让计划委员会讨论一下"痛击"计划，即攻击瑟堡的计划，还有其他的各项方案。我几乎可以肯定，对这项计划讨论得越彻底，放弃它的可能性就越大。如果决定权掌握在我手中，我一定会选择在秋季的适当时间，同时执行"火炬"和"朱庇特"行动。然后，故意放出去我们准备实施"痛击"行动的假消息,再做些虚张声势的准备工作,意在为这两项计划的实施进行掩护。为了同我们珍视的盟国行动一致,我必须利用政治影响和外交手段进行工作。如果没有盟国的帮助,世界将被法西斯势力毁灭。由于尚未获得盟国的同意,在 14 日的会议上,我并没有提这两项计划。

我们热切欢迎美方就关键问题提出决定性意见,从而在英方的辅助下,尽快对德国发起大规模攻势。从下文很快就可以看到,我们很容易同美国产生意见冲突,因为美方将把帮助中国打垮日本作为首要任务。然而,在珍珠港事件后,我们成立了反法西斯同盟,自那时起,不论舆论影响是多么强大,罗斯福总统和马歇尔将军都不为所动,将希特勒视为首要劲敌。就我个人而言,我渴望能看到英美军队在欧洲并肩作战。然而,我几乎不曾怀疑,倘若仔细研究"痛击"行动的一些细节,比如登陆艇等问题,再从战争的主要战略考虑,那便一定会取消这次行动。正如我所推断的,大西洋两岸和陆海空军事当局都认识到了我们当前还无力实施此项计划。就我所知,也没有哪一方愿意承担执行此项计划的责任。虽然成功执行此项计划是我们共同的心愿,但是残酷的现实并不会让我们心想事成。

总而言之,1941 年 12 月我提交给罗斯福总统的备忘录中,记载着我的一贯主张,即:

1. 用于解放欧洲的英美军队应在 1943 年登陆,地点则选在英国南部,只有这样,全体部队才能顺利抵欧。一切妨碍此项计划的行为都应被阻止,一切有利于计划实施的活动都要全力以赴。

2. 与此同时,我们不能袖手旁观,让苏联人独自对抗德军主力。罗斯福总统和我都坚定地认为,我们必须加入到打击敌人的队伍中来。在发起横跨海峡作战前的一年或是十五个月的时间里,我们应该做些什么?很明显,总的来说,占领法属北非是一个明智的选择,这一计划不仅潜力巨大,也

符合战争总战略的要求。

我希望攻占法属北非的作战计划能同登陆挪威的计划相互配合。我依旧认为，这两项计划可以同时进行。然而，这些事情都难以预测。当我们紧张地讨论这些时，便很容易忘记最初单纯的目的，这是十分危险的。虽然我很希望"火炬"行动和"朱庇特"行动能同时进行，但是我绝对无意为了"朱庇特"行动而耽搁"火炬"行动。为了一场激战，而集中两个强国的全部力量，并促使其互相配合，这绝非易事。因此，我们决不允许因为某些谣言而使合作变得更为困难。

3. 因此，在1943年英美军队同德军在欧洲大规模交手前的这段时间，我们唯一能做的就是让这支英美军队强行攻占法属北非，同时与穿过沙漠从西部朝着的黎波里和突尼斯前进的英国部队取得配合。

最终，我们否定了其他一切计划，平息了各项争论，西方同盟国达成了上面所述的决议。

第六章

SIX

莫洛托夫的访问

苏联对波罗的海沿岸国家的要求——英苏关系中比较亲善的一段时期——英国声明希特勒如果对苏联使用毒气，德国将遭毒气报复——关于莫洛托夫访问伦敦和华盛顿的建议——关于 1942 年横跨海峡的作战问题——登陆艇严重匮乏——艾登建议用英苏同盟条约代替领土协定——谈判日益明朗——莫洛托夫返回伦敦——苏联战场上主要战役的进展——塞瓦斯托波尔沦陷

　　1941 年 12 月，艾登先生在访问莫斯科期间遇到了难题。苏联政府提出特殊要求，即承认其当时西部边界的现状。苏联人急切希望在任何一项一般性的同盟条约中让其他国家明确承认其占领波罗的海沿岸国家，同时承认芬兰的新边界。艾登先生拒绝对苏联做出承诺，除了其他理由外，他强调我们向美国政府保证过，大战期间不为领土疆界变更问题缔结任何秘密的协定。

　　大会结束时通过决议，艾登先生应将苏联的要求转达至英国内阁和美国，并且在将来为缔结英苏条约进行磋商时再考虑这些要求。美国政府知悉一切，对苏联的提议明确表示反对。在美国人看来，接受苏联的要求就直接违背了大西洋宪章准则。

　　我于美国宣战后的第二天抵达华盛顿。艾登先生在报告中表示苏联政府意欲吞并波罗的海沿岸国家。对此，我表示反对，并刊出电文表明这一态度。但是现在三个月过去了，在事态压力之下，我认为以前的道义立场难以维持。在这场殊死的斗争中，不应该让那些为了伟大事业而奋斗的人们肩负起他们难以承受的重任。我对波罗的海沿岸国家的态度始终未变，但我认为此时不能再拖下去了。

前海军人员致罗斯福总统：

　　如果怀南特和您在一起，他肯定会解释外交部对苏联的态度。战争形势日益严峻，让我觉得在德国攻打苏联的时候，我们不应该通过解读大西洋宪章准则而否认苏联占领的疆界。这是苏联同意加入宪章的基础。我希望战争开始时，苏联人夺取波罗的海沿岸国家时能通过严厉的手段除掉这些国家的敌对分子。因此，我希望您能放手让我们尽快和斯大林签订他想要的条约。一切都预示着德国会在春天对苏联发起新一轮的大规模侵略。但是对这个唯一与德军交战且能极大地牵制德国兵力的国家，我们能做的却微乎其微。

1942 年 3 月 7 日

尽管如此，总统和国务院却坚持自己的立场。下文会看到我们最终达成一个比较好的解决方案。

＊　　　＊　　　＊

英苏关系现阶段比较友好。

首相致斯大林元帅：

　　1. 我已发电报给罗斯福总统，敦促他同意我们在战争结束后签订有关苏联边界的条约。

　　2. 我已明确指示承诺运输的补给物资不得延迟或中断。

　　3. 现在季节更替，气候好转，我们开始继续昼夜不停地对德国实施空中打击。我们也正在研究其他措施，帮你们分担一些压力。

　　4. 在这一困难的时期，苏军节节取胜，而敌人损失惨重，败绩远播。这自然使我们获得了极大鼓舞。

1942 年 3 月 9 日

斯大林元帅致首相：

据悉，您于 3 月 12 日致电古比雪夫。对此，我表示十分感激。

您已采取措施保证对苏联政府的物资供应并且加强了对德国空袭。我代表苏联政府感谢您来电告知我相关事宜。

我坚信，战争形势虽偶有反复，我们的联合行动最终会打败共同的敌人。1942 年是打败希特勒和战场发生决定性转折的一年。

至于您电文中提到的第一点，即苏联的边界问题，倘若缔约双方接受并签署协定，我认为针对适合于各方的条约内容，双方依然有必要交换意见。

1942 年 3 月 15 日

*　　*　　*

在德国即将发动攻势之时，人们普遍希望我们想办法援助苏军，因为他们担心德军会用毒气，很大可能是芥子气。我已征得内阁同意并准备发表公开声明：如果德军使用毒气，我们也会用毒气报复。

首相致斯大林元帅：

1. 非常感谢您于 15 日回复我最近的电报。比弗布鲁克已前往华盛顿，他将按照我们以及双方政府的往来函电，协助总统解决条约问题。

2. 上周我与麦斯基大使共进午餐。他所提到的一些证据表明德国可能在春季使用毒气攻打苏联。与同僚以及三军参谋长磋商后，我向您保证，任何针对苏联使用的毒气武器，英王陛下政府将视同为对自己的子民使用。我已经储存好大量毒气炸弹供飞机投放。一旦苏联军民遭到毒气袭击，英国就将毫不犹豫地对德国西部的一切适当目标使用这种武器。

3. 还有一个值得考虑的问题，即是否应当在适当时机，向公众发出警告，说明我们的这个决定。因为警告会阻止德国对已经放松警惕的人们实施新一轮的恐怖活动。请告知我您对此事的看法。此外，从德国准备的情况来看，您认为我们是否有必要做出这种警告。

4. 目前还不用急于回答这个问题。我必须采取措施防止城市遭到这种新式武器的攻击。在这之前，我必须有充足的时间将毒气战预防措施做到最好。

5. 我相信您会给我们的新任大使机会，让他亲自递交本函并同您商谈。您也知道，这位大使上任前，同蒋介石将军在过去的四年里都保持着很好的私人关系。我认为他肯定得到了这位将军极大的尊重和信任；我希望，也相信您也会同样器重和信任他。他也是我深交多年的老友。

1942 年 3 月 20 日

斯大林元帅致首相：

1. 最近，我收到了您那封由克拉克·克尔爵士转呈的函件。对此，我表示感激。我已和克尔爵士长谈了一次。我也相信我们的合作会在一种彼此完全信任的气氛中进行。

2. 英国政府将德军使用毒气打击苏联的行为视同德军以同样方式打击英国，而且英国空军也会立即对德国适宜攻击的目标投放已储备好的大批毒气弹。对此，苏联政府表示感谢。

1942 年 3 月 30 日

*   *   *

罗斯福总统此时也同苏联保持着友好的关系。我们曾在前文提过莫洛托夫访问华盛顿一事。罗斯福总统本想让这位使者先去美国，可

斯大林却有其他的打算。

斯大林元帅致首相：

最近，苏联政府从艾登先生处收到两份苏英协定草案，但这两份草案和艾登先生在莫斯科时磋商的内容有一些实质性的不同。鉴于这两份草案存在新的分歧，很难通过信函解决，因此苏联政府决定，排除一切困难，派莫洛托夫前往伦敦，通过面对面的商讨，为签署协定扫清障碍。这样做是非常有必要的，因为在欧洲开辟第二战场的问题（美国总统在给我的上一封电报中提出，同时也邀请莫洛托夫前往华盛顿磋商）需要我们两国代表初步交换意见。

我希望你们能在抵抗英国敌人的战斗中取得胜利，请接受我的这一问候和祝愿。

1942 年 4 月 23 日

前海军人员致罗斯福总统：

您在电报中提到莫洛托夫的行程。我也已收到斯大林来电，电文中提到会派莫洛托夫前来商讨协定草稿中的一些分歧，斯大林希望尽快解决此事。莫洛托夫可能已经在途中。您十分清楚我现在已经不能建议他改变访问日程。如果莫洛托夫因此给我们施加压力，我提议同意讨论草案，并且我希望可以扫除障碍。但我也会建议他接着去趟华盛顿，会见过您之后再最终签署协议。

1942 年 4 月 24 日

首相致斯大林元帅：

感谢您 4 月 23 日的来电。我们当然欢迎莫洛托夫先生的到来，我相信我们一起能够完成很多有用的工作。我也十分开心您批准了莫洛托夫的访问。我相信这次访问是极具价

值的。

1942 年 4 月 24 日

*　　*　　*

莫洛托夫 5 月 20 日才抵达伦敦，第二天一早就开始进行正式磋商。这一天内先后开了两次会，会上苏联人坚持他们原来的立场，甚至提出特别要求，即要求盟国同意苏联占领波兰东部。但此要求有悖于 1939 年 8 月签订的英波协定。莫洛托夫还提出签订秘密协议，要求盟国同意苏联占领罗马尼亚。这也同我们与美国达成的共识背道而驰。艾登先生主持了这场在外交部举行的会谈。尽管会谈气氛极为融洽，但谈判却走向了僵局。

除了商讨条约签署问题，莫洛托夫的伦敦之行也是为了试探我们对开辟第二战场的态度。因此，在 5 月 22 日上午，我与他进行了一次正式会晤。

　　会谈一开始，莫洛托夫就表明此次来访是受苏联政府委派，前来伦敦商讨开辟第二战场的问题。但是，这个问题并不是新问题。第一次提到第二战场问题是十个月前。最近，罗斯福总统又在推动第二战场的建立。他向斯大林提议，让莫洛托夫赴美讨论该问题。虽然第二战场的开辟是由美国发起的，苏联政府却认为应取道伦敦，再去美国。原因在于大英帝国才是承担开辟第二战场主要任务的国家。在接下来的几个星期或几个月内，苏联战场的胜负将会对苏联及其盟国产生深远影响。对于英美两国提供的物资援助，苏联政府表示非常重视和感激。然而，最迫切的问题在于开辟第二战场。莫洛托夫此行的目的是想打探英国政府对于 1942 年令四十个德国师从苏联撤出一事的看法，因为目前看起来似乎德国在武装力量方面占据优势。不知盟国能否做得到。

我提炼了关于欧洲大陆未来军事行动共识的要点，以此答复莫洛托夫。历次战争中，拥有制海权的国家享有在敌国海岸线自由登陆的优势，因为敌人不可能在每个据点设防以应对海上进攻。空军的出现彻底改变了这个形势。例如，在法国或低地国家，敌人可以在几个小时内就调集空军，威胁海上任一据点。过往的惨痛经历表明，不顾敌人空中打击而登陆的军事主张是不正确的，会导致无法登陆大部分大陆海岸线的必然后果。因此，我们被迫研究性能优越的战斗机能够帮我们提高在这些地方取胜的概率。事实上，我们的选择就缩小至多佛尔海峡、瑟堡的顶端以及布雷斯特的部分地区。我们正在研究今年在一个或者多个这样的地区登陆的问题，准备工作也正在进行。我们的计划基于这个假设，即突击队连续几波登陆会导致空战，而空战一旦持续一周或十天，就会彻底击溃敌人在欧洲大陆的空军。一旦实现这一点，空中对抗就会消失，这样我们就能在自己一流的海军的掩护下从海岸线的其他地点登陆。我们制订计划和做准备工作的关键点在于：我们在敌军防备森严的海岸线是否有实现先行登陆的特殊登陆艇。不幸的是，现在这种类型的舰艇资源极其缺乏。早在去年 8 月的大西洋会议上，我就提过这点。当时，美国急需建造大量的坦克登陆艇及其他进攻型舰艇。这件事让罗斯福总统印象深刻。后来在今年 1 月，总统同意做出更大努力，建造这些舰艇。这一年多来，我们除了自己生产以补充损失惨重的海军和商船之外，还尽可能地生产了大批进攻型舰艇。

　　尽管如此，我们必须铭记两点。第一，即便我们怀着最好的愿望并且尽最大的努力，在 1942 年采取的任何行动，即使成功了，我们也不太可能让敌人将大量的地面部队调离东线。不过，空中形势不太一样。在各个战区，我们已经有相当于德军一半实力的战斗机，同时也有相当于他们三分之一

实力的轰炸机。如果我们在欧洲大陆展开空战的计划成功，德军要么眼睁睁地看着所有战斗机在西线战斗中全军覆没，要么就只能从东线撤出所有空军力量。

第二点与莫洛托夫的提议有关。他说我们的目的在于让德国从苏联调走至少四十个师的兵力（包括现在已在西线的）。需要注意的是，目前与我们在利比亚对抗的轴心国十一个师中，有三个德国师；挪威有相当于八个德国师的兵力；法国和低地国家还有二十五个德国师，这些加起来共有四十四个德国师。

但是，我们并不能满足。如果要进一步做出努力或者制订计划帮助苏联减轻战场上的压力，只要是正确的、明智的，我们应该毫不犹豫地付诸实施。很明显，如果我们不惜一切代价去行动，可能会产生灾难性的后果，还会让敌人趁我们挫败之际大肆宣扬自己，这无助于苏联的抗敌事业，对同盟国也没什么好处。

莫洛托夫说，他坚信英国是真心希望苏军能在今夏取得对德作战的胜利的。在英国政府看来，苏联有多大胜算？不管英国如何看待，不管是好是坏，他都希望彼此能坦诚相待。

我表示，由于还没有详细了解双方的资源和物资储备，自己很难对这个问题做出判断。去年，包括德国专家在内的军事专家们都认为苏军将被击败，事实证明他们都错了。最后，苏军不但打败希特勒，而且几乎使他全军覆没。因此，盟国对苏军的战斗力充满信心。根据英国政府的情报，没有任何迹象表明德军会在东线的某个地点进行大量集结。此外，希特勒扬言将在 5 月大举进攻，现在看来 6 月前德军是不可能进攻的了。无论如何，希特勒今年的进攻，似乎不像 1941 年那样来势凶猛，或威胁性那么大。

莫洛托夫接着问道，如果苏军没有撑过 1942 年，英国政府会采取什么立场和态度呢？

我回答说，如果苏联的军事力量被德国强大的攻势严重削弱，希特勒完全可能将地面部队和空军撤回西线，那么目标就是侵略英国。他也可能经由巴库长驱直入高加索和波斯。一旦如此，我们将面临最严重的威胁。我们绝不会因有充足的兵力与敌军抗衡而骄傲自满。因此，我们的命运与苏军休戚相关。但是，假如事与愿违，苏军被击溃，出现最坏的情况，那我们就继续作战。在美国的帮助下，我们希望建立起强大的空军，在接下来的 18 个月或者两年内，英国就能对德国的城市和工业实施毁灭性袭击。此外，我们还要对大陆上日益削弱的敌对力量进行持续封锁，进而展开登陆作战行动。英国和美国最后一定会胜利。有一个事实不容忽视，即在法国陷落的一年里，英国孤军奋战，曾以装备不良的少量军队与数量众多且战绩彪炳的希特勒部队作战。但长期作战，对人类来说是一个多么大的悲剧啊！我们竭尽所能打败邪恶的敌人的愿望是多么强烈啊！

会谈快结束时，我提醒莫洛托夫不要忘记海外入侵问题。法国陷落后，英国几乎赤手空拳，仅有装备不良的几个师、不到一百辆坦克以及不满两百门大炮。但是希特勒无意侵略，因为他还没有取得制空权。目前，我们也面临着同样的问题。

*　　　*　　　*

5 月 23 日，艾登先生提议以一项为期二十年的一般性公开同盟条约取代领土协议，但他没有提到领土边界问题。当晚，苏联方面就显示出让步的迹象。英美意见一致，这令与之谈判的苏联人印象深刻。第二天早晨，莫洛托夫请求斯大林同意以艾登草拟的方案为基础进行磋商。莫斯科方面只提出几处需要些许调整的地方，着重强调草拟方案中的联盟的长期性特征。这个没有领土条款的条约于 5 月 26 日签署。我终于松了一口气，结果好得远超我的想象。艾登对建议的时机也把握得相当到位。

　　这一重大问题解决之后，莫洛托夫便动身前往华盛顿，与总统及其顾问就开辟第二战场的问题进行一般性军事会谈。会谈通过决议，莫洛托夫应返回伦敦就此问题进行最后的磋商，然后再回莫斯科。

*　　　*　　　*

　　我们的苏联客人表示，在英国居留期间，希望住在伦敦郊外。因此，我把乡间别墅交给他们自由使用，而我则住在斯托里门的新楼。不过，我还是在晚间去过两次契克斯。在这里，我有机会同莫洛托夫和麦斯基大使进行长时间的私人会谈。麦斯基大使是一位十分出色且知识渊博的翻译官，他翻译得很轻松，也很快。凭借清晰的地图，我尽力向他们解释我们正在进行的工作以及作为一个岛国在作战能力方面的限制和特点。我也花了很长的时间讲解两栖作战的战术，也描述了面对潜艇攻击，维持横跨大西洋生命线的危险与困难。我认为莫洛托夫理解我所说的一切。他也认识到英国的问题与苏联这样一个幅员辽阔的大陆国家所遇到的问题截然不同。不管怎么说，我们都比以往更加亲密、团结。

　　苏联人对外国人心存芥蒂，这种习惯根深蒂固，从莫洛托夫住在乡间别墅时发生的一些异常事件就可见端倪。他们一到就立刻索要所有房间的钥匙。钥匙费了点周折给到他们手里，他们就一直锁着门。别墅工作人员最终进入房间帮他们铺床时，惊讶地发现枕头下面藏着枪支。三位使节由自己的警卫人员照料，还有两名妇女负责整理衣物、收拾房间，只有在轮流吃饭的时候才离开。尽管如此，我们发现他们不久便相熟了，甚至能用不太流利的法语和手语与别墅工作人员交谈。

　　为了保障莫洛托夫的个人安全，我们采取了极为严密的安保预防措施。警察全面搜查过他的房间。训练有素的警察仔细检查过每个橱柜、每件家具和所有的墙壁、地板。床是需要特别注意的，捅戳褥垫进行检查，以防定时炸弹；苏联人负责重新铺床单和毛毯，床中间开

了个洞，躺在床上的人能马上跳起来而不至于被裹住动不了。晚上，在他的睡衣和公文包旁边还放着一支左轮手枪。战争期间，防范危险总是对的，但是需要花点工夫估量发生危险的可能性。最简单的方法就是扪心自问，对方是否有杀害相关人员的意向。我出访莫斯科时，是完全信任苏联方面的招待的。

* * *

首相致斯大林元帅：

在伦敦接待莫洛托夫，我们感到十分荣幸。就政治和军事事务，我们进行了卓有成效的会谈，我们的计划和所拥有的资源也已向莫洛托夫先生全盘托出。至于条约，他将向您解释存在的问题——关键是我们不能违背对波兰许下的承诺，同时也不得不考虑英国本身以及美国方面的意见。

我相信，如果莫洛托夫先生从美国返回伦敦，会对我们共同的事业大有裨益的。到那时，我们可以继续磋商。我希望这一系列会谈会推动我们三方的军事合作。我到时还能向他讲述英国方面军事计划的最新进展。

1942 年 5 月 23 日

斯大林马上表示同意。

斯大林元帅致丘吉尔先生：

我和莫洛托夫均认为，他从美国返回莫斯科的途中应当在英国停留，以便与英国代表就两国关心的问题协商。

1942 年 5 月 24 日

首相致斯大林元帅：

1. 非常感谢您在条约中照顾到我们的困难。我相信美国

会给予苏联丰厚的回报。我们三个强国今后无论遇到什么情况，都将团结一致，携手并进。见到莫洛托夫先生实属荣幸，我们已经尽力扫清两国之间的障碍。非常高兴他回国时能在英国停留，因为我们在一起时还能做得更多。

2. 到目前为止，运输船队一切顺利，但是现在却是最危险的阶段。非常感谢您为援助运输船队而采取的措施。

3. 我们已在今后二十年中结为盟友与朋友，就借此机会向您表达我美好而真诚的祝愿。请您相信，胜利一定会属于我们。

1942 年 5 月 27 日

*　　*　　*

我及时告知总统。

前海军人员致罗斯福总统：

我们在上周及本周与莫洛托夫举行会谈，会谈取得了不错的成果。想必怀南特已经告知您，我们完全更改了条约内容。在我看来，这些提案中没有我们共同反对的内容，与大西洋宪章也不冲突。昨天下午，双方在极其热诚的气氛中签署条约。莫洛托夫是一位政治家，有行动自由，这和我们在李维诺夫身上看到的非常不同。我确信您会同他达成共识。请您告知我您对他的印象。

到目前为止，北方运输船队行程顺利，但是接下来两天必会遭遇艰难险阻……

蒙巴顿和利特尔顿将一起前往美国，但是考虑到蒙巴顿正负责我们的日常工作，所以他的访问时间十分短暂。

我完全了解，您现在一心想着太平洋战场的战况。如果您觉得有必要立刻撤回"华盛顿"号（战列舰），我们也表

示非常理解。

我们现在的头等大事是于7月中旬前将"沃斯派特"号、"英勇"号、"纳尔逊"号以及"罗德尼"号战列舰在印度洋集结完毕。只有等到6月底"英王乔治五世"号重新装备完毕，"华盛顿"号才撤离，我们才算完成任务。

护航舰队在基韦斯特和汉普顿间航行，很明显已经产生了我们预期的好效果，但加勒比海和墨西哥湾就没那么顺利了。金上将和庞德海军上将已就此事交换意见。即便会产生其他风险，我依然希望能为这些区域提供充足的护航船只。

您分配了七十艘油轮为英国储备石油，对此我表示感激。没有您的援助，我们的石油储备会在今年年底降至一个危险的水平。考虑到美国油轮最近损失惨重，调出这些船只也牺牲颇大，因此您支援油轮的行为极其慷慨。

1942 年 5 月 27 日

* * *

与此同时，苏联使节还在乘飞机前往华盛顿的途中。

罗斯福总统致前海军人员：

预计今晚客人抵达，但要等到周四后才能开始讨论"波莱罗"计划。我希望您能尽快将你们商谈的"波莱罗"计划的要点告知我，这将有助于我尽快了解该计划。

1942 年 5 月 27 日

总统所说的"波莱罗"计划实际上是1942年的"痛击"计划。我们充分了解这点。

前海军人员致罗斯福总统：

1. 我立即将"波莱罗"计划、"痛击"计划和"超围歼"计划报告发出。

虽然会谈的实质内容无法改变，但私人会谈能缓和气氛。我们越来越亲密，越来越友好。

2. 我们正和你们的军官一道努力工作，大规模的准备工作昼夜不停地进行着。迪基（蒙巴顿）到达后会向您讲述1942年所遇到的困难。我也告知参谋长们仔细研究在挪威北部登陆的计划，占领挪威似乎是十分有必要的。只有这样才能保证明年我们可以顺利向苏联供应物资。我告知莫洛托夫，在他返程时，我们会就这一问题准备好，以进行讨论。然而，我们并未进行深入讨论。如果能够制订一个周密的计划，我个人会非常重视。

3. 到目前为止，我们的北方运输船队仍在一路奋战，共有三十五艘船，已损失五艘，有的被击沉，有的返回。如果明天苏联为我们提供空中保护，我们就可以渡过难关。如果没有，眼下的危险形势还得持续两天。

4. 奥金莱克今晚的来电表明利比亚的战斗已经开始。这可能是我们迄今为止打的规模最大的仗。

5. 我们决不能忽视"体育家"作战计划（在法属北非登陆）。如果有需要，其他一切准备工作都将有益于实施这一计划。

1942 年 5 月 28 日

*　　*　　*

斯大林很满意。

斯大林元帅致首相：

对您在签署新条约时所表达的友好感情和美好祝愿，我不胜感激。我相信这个条约对加强英苏以及英、苏、美三国间的友好关系至关重要，同时这个条约也会加强我们战争胜利后的亲密合作。我希望莫洛托夫从美国返程后同您会谈，借机将未完成的工作做完。

至于运输舰的保护措施，您大可放心，我们现在会尽力采取行动，将来也会如此。

请接受我最真挚的祝福，以及对取得共同胜利的坚定信心。

1942 年 5 月 28 日

*　　*　　*

莫洛托夫出访美国后返回伦敦时，心中自然是满满的计划。他想在 1942 年通过跨海峡作战开辟第二战场。我们也仍在积极地同美国参谋长们一起研究，却发现这个计划存在不少问题。公布此项计划也没有什么坏处，或许可令德军有所畏惧，从而尽可能地将其军队留在西线。因此，我们与莫洛托夫就公报问题达成一致。公报于 6 月 11 日发表，包含以下内容："会谈过程中，已就于 1942 年开辟第二战场的紧急任务达成共识。"

我认为，在误导敌人的时候，不应将我们的盟军引入歧途。因此，在起草公报的时候，我在内阁大厅当着同僚们的面亲自将一份备忘录交给莫洛托夫。备忘录清楚地写到，尽管我们竭尽全力制订计划，但我们不保证采取行动，也不许下承诺。后来，当苏联政府指责我们的时候，以及斯大林私下向我提出这一点时，我们都会拿出这份备忘录，并指出这句话"我们因而无法许下承诺"。

备忘录

我们正为 1942 年 8 月或是 9 月在欧洲大陆的登陆行动做准备。前文已做过解释，限制登陆部队数量的主要因素是缺

少可供使用的特殊登陆艇。如果仅是为了采取行动而不惜一切代价，这些行动不但会以失败而告终，而且还会让敌人趁我们挫败之机而大肆宣扬自己，那么这不但对苏联的事业没什么好处，对整个盟国也无任何益处。因为事先很难预料，时机到来时，是否会出现一种形势，使行动可行。因此，我们无法做出承诺，但如若条件可行，我们会毫不犹豫地将计划付诸实施。

莫洛托夫登上了回国的飞机，行程有一定危险。很显然，他对此行所取得的成果相当满意。我们之间已经营造出一种友好的氛围。他对华盛顿之行十分感兴趣。英苏二十年条约在华盛顿签署，所有人都对这份条约寄予厚望。

*　　*　　*

在会谈进行期间，东线已是战火纷飞。今年年初的几个月，苏军不断向敌军施加压力，迫使德军战线的许多据点后撤。德军对在严酷的冬季作战毫无准备，因而吃了不少苦头，损失惨重。

春季来临时，希特勒于4月5日下达指令，开头内容如下：

苏联冬季战役即将接近尾声。我们的东线部队作战极为英勇，富有自我牺牲精神，因此在防卫方面取得重大胜利。敌人在物资和人力上的损失极为惨重。苏军试图利用一开始的胜局，在冬季补充后备兵力，为将来做准备。

一旦具备天时地利的条件，出色的德国指挥官和军队就一定会再度夺回主动权；届时，敌人将对我们唯命是从。

我们的目标是扫除苏联残余的全部防御兵力，并尽量切断他们的主要物资供应来源。

为达到这一目的，我们打算守住战线中部，攻陷位于北

部的列宁格勒……前线部队南翼要强行挺进高加索……首先，集结手头全部兵力在南部作战，目的是在顿河前面歼灭敌军，从而获得高加索地区的油田，然后穿越高加索山脉……我们必须努力打到列宁格勒，或者至少用我们的重型武器轰炸这个城市，使其在将来无法再成为军事和交通运输中心。

作为总攻前的预备行动，塞瓦斯托波尔被曼施泰因所领导的第十一集团军占领，苏军也被驱赶出克里米亚。陆军元帅博克率领的南方陆军部队，为执行这项任务增加了大量兵力。总共有一百个师，被编成五个集团军，其中有六十个德国步兵师，还有八个装甲师；其余则是罗马尼亚、意大利或匈牙利师。共有两千七百五十架德国飞机在东线作战，其中一千五百架被派去增援在南部作战的部队。

虽然原本计划好 5 月底拉开大战帷幕，但苏军先行出击。5 月 12 日，铁木辛哥在哈尔科夫南部发动了一次猛攻，深深切入德国阵地。但是，他的南翼毫无招架之力，德军的一系列攻击迫使他不得不放弃原来所占领的所有据点。这次"破坏性的"进攻，尽管令苏联方面损失惨重，但这可能会令敌人延迟一个月执行计划；这次进攻所争取到的时间后来被证明非常宝贵。

这场战役还在进行时，德国第十一集团军就开始对塞瓦斯托波尔发起进攻。经过一个月的围攻和苦战，这个坚固的要塞最终陷落。

第七章

SEVEN

自然的战略选择

"痛击"行动由于本身的缺陷就此作罢——突击敌人后急速撤退：
"大将军"作战计划——我提出的替代方案："朱庇特"作战计划——
关于挪威计划的进一步争论——我关于1943年横跨海峡作战的想法
——6月15日有关"围歼"作战计划的备忘录——作战规模以及行动
所需的精髓——1942年的法属北非计划留存下来了

莫洛托夫离开后的几周内，专家们的意见层出不穷。我全身心都
扑在"痛击"行动上，一直让大家向我汇报情况。很快，实施这项行
动的阻力开始显现出来。瑟堡的防御工事比较坚固，驻守在那里的敌
军在数量上可能也占有一定优势，贸然登陆作战确实是一项危险的举
动。如果这次行动成功的话，盟军可能会被困在瑟堡和科汤坦半岛的
尖端地区，并需要依靠自己的力量在敌人不间断的轰炸和攻击下独自
支撑将近一年的时间。瑟堡港是他们唯一的供给源，但敌人必定会在
冬季和春季对此发起持续袭击和偶尔的大规模空袭。这样一次行动势
必会消耗大量的船只和空军，从而影响其他行动。倘若我们成功突破
德军的一条条坚固战线，那当夏天来临的时候，我们还必须沿着科汤
坦半岛腰部的狭窄通道继续行军。该地只有一条铁路供我军前行，到
那时肯定也早已被敌人毁掉了。此外，我们到现在还不清楚，这样一
次毫无胜算的行动究竟会给苏联带来怎样的好处。德国派了二十五个
机动师留守法国，而到8月时，我们能用于"痛击"行动的总兵力还
不到九个师，光英国师可能就要占到七个。照这样看来，德国完全没
有必要从苏联前线调遣军队返回支援。

随着类似的事实越来越多地涌现出来，英美两国的参谋人员们的

意志也开始动摇，对此行动的热情也慢慢褪去。鉴于它的种种缺点，这项计划就这样流产了，都不用我再多说什么。

*　　*　　*

取而代之的是另一项被称作"大将军"的计划——即在大举进攻后立即撤退。关于这个计划，我写道：

首相致伊斯梅将军，转参谋长委员会：

1. 根据"大将军"计划（我只看过大纲），我们将派一个师和部分装甲部队登陆，并在接下来的两到三天时间内尽力对敌人展开有效袭击，随后再尽可能地将剩余部队撤回。倘若苏联的情况变得越来越糟，我们便会以此来表达我们的强烈抗议。当然，这样的行动对苏联毫无裨益，也不利于我们对外宣传，只会让我们蒙受重大损失。我们可能会因此损失大批人员和物资，我们的作战能力连同我们自己都会沦为全世界人民的笑柄。面临由此引发的日趋恶化的形势，想必苏联也不会对我们心存感激。法国定会有部分爱国志士加入这项行动，但他们以及他们的亲属势必会遭到德国佬的残忍报复！除此之外，此举一定会被大肆宣扬开来，从而为类似的草率的大规模行动敲响警钟。眼下有不少人正在怂恿我们推动这项计划，但他们应该先搞清楚我上述所说的种种。

2. 这次行动的提出无视了顾问们的专业意见，又可以算作一个感性压倒理智的例子。为了圆满完成这项计划，我们必须攻克下面两个难题：第一，穿过大海，在狭窄的地区登陆，该地区还有准备充分的敌人严加把守；第二，两三天后，将陆上剩余的部队从海上撤回。还有一点，这批登陆部队势必会在计划登陆点与精锐的德国装甲部队和步兵遭遇，在向内陆行军的过程中也要持续抵抗来自德国部队的袭击。从之

前利比亚的情况来看，我们最多与德国装甲部队打成平手。因此，留在岸上的登陆部队处境是十分危险的，他们肯定要为此付出很大的代价。光是撤退伤员就会招致一系列难题，除非置他们于不顾。

3. 然而，前面所说的这些都是"诱饵"，一个引诱德国战斗机与处于优势的英国空军交战的圈套。当然，这一想法的前提是德国空军宁愿全军覆没也不愿让英国装甲部队深入利尔或亚眠地区。这样的牺牲明智吗？当然，和我们预计投入这项行动的兵力来比，德国在装甲部队和地面部队方面占据绝对优势，因此我们的登陆部队往内陆地区推进得越远，越深入法国，对德国就越有利。这样一来，德国便只需要动用有限的空中力量，避免与我们交手，便会让我们的主要目标（他们认为的）落空。

4. 当然，如果还有很多其他类似的行动同时进行，就另当别论了。那样的话，就会有大批部队在法国登陆，这势必会在法国引起骚乱，给敌人带来重大威胁。届时，德国肯定会投入全部的空中力量，甚至从东线抽调空军前来支援。但一次行动根本达不到这样的效果，不会引起德国最高统帅部的注意。就算我们成功引起了敌人的注意，但由于我们只在那里停留几天，敌人根本没有时间采取任何行动。事实上，当登陆部队在第四天像敦刻尔克撤退那样撤回英国时，每一个人（不管敌人还是盟友）都一定会夸大在敌方海岸登陆的难度。这样一来，我们就会变得畏首畏尾，不利于1943年的作战。

5. 我会让三军参谋长讨论下列两个原则：第一，除非我军打算在法国驻扎，否则不应该大规模登陆法国；第二，除非德军在对苏作战中又一次受挫，导致士气衰落，否则我们也不应该大规模登陆法国。鉴于上述两点，我们不能因为"大将军"计划而推迟或停止"痛击"行动的筹备工作；其

次，除非德国在对苏战争中屡屡受挫，从而导致军队士气低落，否则我们不应该实施"痛击"行动；最后，我们必须承认，倘若苏联陷入困境，那"痛击"行动也会变得无所补益，因为我军注定会在这次行动中遭遇惨败。

6. 现在看来，按原计划最大规模地筹备"痛击"行动才是明智之举，但要等苏联胜利以及西线的德军士气衰落之后才能实施，倘若苏联失败了，那么"痛击"行动也就没有实施的必要了。

1942 年 6 月 8 日

从此以后，再也没有人提及"大将军"计划了。

* * *

现在让我们再来看看我提出的建设性方案。

首相致伊斯梅将军，转参谋长委员会：
"朱庇特"行动

1. 应把该行动当作今年"痛击"行动（中等规模）的替代方案。

2. 我们应在战略上和政治上给予该行动高度重视。这可能是我们唯一能为苏联做的事。在研究该行动时，计划者们用不着顾及下列问题：第一，苏联人是否愿意出动船只来运送更多的军火？第二，他们会不会不希望我们执行"痛击"行动？让我们来看看该行动的优势。

3. 挪威北部的两个飞机场上驻扎着约七十架德国轰炸机和一百架战斗机，同时约有一万到一万两千名士兵负责守卫，所有通往挪威的入口都被封死了，我方的运输船只也因此损失惨重。倘若我们能控制这两个机场并派同样数量的军队在

那里驻扎，那么不仅从北海到苏联的通道会被打开，我们还能建立一个小规模的第二战场，且敌人很难将我们赶出这一区域。如果一切进展顺利的话，我们还能慢慢向南行进，从北向南将纳粹势力赶出欧洲。要想达到上述目标，我们只需将德军赶出挪威北部的两个飞机场，并消灭那里的守军。

4. 我们很容易出奇制胜，因为不到最后一刻，敌人就无法分辨出我们派出的队伍是一支普通的海上护航队还是一支远征部队。

5. 我们要有信心，苏联肯定会支持这项计划，尽管他们在得知任何形式的"痛击"行动被取消前绝对不会有任何行动。这项计划对瑞典和芬兰也将产生深远的影响。

6. 在部署这项行动时，一定不要大规模动用舰队和反潜舰只。为此，远征队必须能完全自给自足。士兵们必须在运载他们的船只上建立基地，从船上获得补给，冬季到来时，很多人还要住在船上。我们必须做好准备，敌人很有可能会破坏这些临时搭建起来的营房。在海军护送远征队登陆之后，德国势必会出动潜艇，意图切断我们的交通线。但倘若远征队备足了三到四个月的补给，届时，德国潜艇肯定会等得不耐烦，那么新的运输船队就能顺利通过了。当然，在新的运输队出发前，我们必须弄清楚德国潜艇是否等在那里。

7. 首先，我们要派六个战斗机中队和两到三个轰炸机中队进驻摩尔曼斯克。我们此前就已经在苏联战线的北翼给苏军提供援助，此举只不过是将援助的规模扩大一些，可能不会引起敌人的注意。

8. 其次，派遣数量相当于一个师的突击队在比特萨摩地区登陆。这是一个激烈的、冒险的举动，但和"痛击"行动相比还是小巫见大巫。与此同时，还应派遣一个旅的部队控制位于波尔散格尔峡湾南端的机场。

9. 随后，从摩尔曼斯克起飞的英国飞机将进驻这些机

场，现在需要解决的问题就是如何将敌人从这些机场赶走。届时，我们一定会让苏联在芬兰北部施加强大压力，我们也会加以配合。

10. 整个行动将分成两波进行：第一，运送作战部队登陆；第二，一周后，运送补给。随后，远征队就要靠他们自己支撑至少三个月。即将到来的冬天对我们的处境会有怎样的影响？会让敌人的进攻变得更容易还是更难？对于这一问题，我们要耐心加以研究。冬天来临时，应将新生产出来的雪地坦克投入战场。至于我们是否要向南行进，攻打特罗姆瑟，除非整体战况需要，否则这一点可以先不用考虑。

1942 年 5 月 1 日

在随后的六个星期内，我一直在为这一北方计划积极奔走。

首相致伊斯梅将军，转参谋长委员会：

计划委员会应当研读下列关于"朱庇特"行动的文件以及我此前拟的有关这一议题的所有文件。计划人员应当着手拟定一个积极的计划，克服其中可能遇到的种种困难。至于该行动是否有必要实施，自有高层决定，无须他们操心。

等精锐的英国部队登陆后，苏联的军队可能也会紧随其后。

下周二前，请拟好初步的报告交给我。

1942 年 6 月 13 日

随后，我最后一次就这一计划写下了我的感想。不管后来发生什么，我始终对这一计划保持信心。

"朱庇特"行动

1. "朱庇特"行动和"大将军"计划有两个重要的差

别。第一，"朱庇特"行动中，我们可以派遣精锐部队前往进攻地点以及整个被侵占地区；第二，一旦行动成功，我们在欧洲大陆就有了永久的立足之地，这对我方运输船只的通行意义非凡，此外，我们还能无限制地向南行进。事实上，我们还能自北向南收复欧洲的失地。一旦我们日益强大的空军进驻北方两个主要机场，我们就能在空中力量的掩护下，用伞兵和其他方式向南推进，攻击当地的机场。这样一来，我们便能控制这一地区，到1943年春，我们便能在其他地区登陆作战，并在海岸基地的空军掩护下登陆作战，从而占领特罗姆瑟与纳尔维克，继而再攻克博多和摩城。期间，面对极其不利的交通状况，敌军无法调遣大规模部队前来阻碍我军行动，除非他们愿意冒险一试。群众会在我们行进的过程中（也只有在进军的过程中）赶来支持我们。所有的这一切都将成功拉开"围歼"计划的序幕。这给敌军调动带来的困扰要远远超过我们在资源调配中出现的问题，对瑞典和芬兰也会大有裨益。如果到今年秋天，法国境内的德军的士气并没有低落到可以实施"痛击"行动的程度，"朱庇特"行动将是最好的替代方案。

2. 我们已经接受了一个公理：如果没有占优势的空中力量支持，就算敌人的势力（包括空中力量）再有限，我们也不可能登陆成功。这是一句至理真言。因此，我们的海军只能用来进攻那些本土轰炸机保护范围内的小部分法国海岸，也只能等我们的精锐部队集结待命之后才能向这些海岸线上的敌方据点发动攻击。海军一定要在占优势的空中力量和战斗机掩护下才能行动，这点毋庸置疑，但问题是，如果进攻目标价值很高，而我们又别无他法，那么是否一定要有空军支持？1940年春的挪威战役只能算是一个例外，不能过度宣扬。当时，供我们在岸上使用的高射炮差不多只有十二门，我们的很多船只就这样在没有高射炮部队、没有空防掩护的

情况下，暴露在敌人的袭击下长达一个月。在这样的情况下，我方两万名士兵在纳姆索斯和昂达耳斯内斯成功登陆，从岸上撤离时也没有遭受严重损失。我们之所以从挪威撤离是迫于敌人强大的陆军和空军。关于挪威战役，我不想多谈。毫无疑问，即便是商船，在配备了强大的"欧力根"式和其他型号的高射炮后，也能在必要时短暂执行任务，不至于全军覆没。上次的苏联运输队在经历了敌人四或五天的持续袭击之后，损失百分之二十。现在的问题是，下面两种方法哪个效果更好：第一，在没有战斗机掩护的情况下，从敌人的装甲部队和步兵都较弱的地点登陆；第二，在战斗机掩护下，从驻有敌军精锐装甲部队和地面部队的地点登陆。事实上，这是一个关乎进攻重心和敌我力量对比的问题。

3. 近来，中东司令部递交了一份详细的报告，预估了敌人可能进攻中东战区的次数。先不管这一预估是否准确，至少这是解决问题的正确方法。这些问题必须具体对待，不能笼统。下面让我们以9月和10月为例，预算一下一支远征队（假设该远征队共有四十艘舰只，包括护航队在内）可能遭受驻扎在摩尔曼斯克与比特萨摩的德国空军袭击的次数。该舰队可能在进攻开始前一天拂晓就被敌军发现，肯定要在当天晚上才能到达进攻地点，并于第二天拂晓前发动进攻。白天行进时，该舰队将有四艘或者五艘辅助型航空母舰护航，且每一艘舰只的甲板上都会配备六到七门"欧力根"式或其他型号的高射炮。部队登陆、舰只抛锚或上岸时，应由六七艘训练有素的、配备了高射炮的海滩防卫舰负责掩护。在靠近攻击目标时，这几艘海滩防卫舰也要承担保护责任。同样地，在上岸时，运输舰上自带的高射炮也要投入战斗，保卫自己。照上述情况来看，我方运输船只与防卫舰的损失不会超过五分之一，甚至可能不到六分之一。在一次军事进攻中，如果有五分之一的战士在行军路上牺牲，而剩余士兵则顺利

抵达战斗地点并投入战斗，那么该行动也并不算失败。

4. 当然，舰队行进过程中，在摩尔曼斯克的英国或苏联空军会对航程范围内的敌方机场进行猛烈空袭，这将进一步减少我方舰队的损失。

5. 至于具体的登陆作战以及攻占敌方机场等重要问题，都是联合作战部需要考虑的，在这里就不提了。

6. 目前，我们是这样打算的：运输舰只在运送士兵的同时也应带上大部分的补给。我们计划让运输舰在运送士兵的同时也能运载大部分补给，并在登陆后充当士兵的营房和基地，因为这些补给无法从岸上得到补充。远征队要带上三个月的补给，这样的话，海军就不用再次为运输队护航了。请做一份预算报告给我，内容须包括：所需军队人数，如，两万五千名精锐部队；所需运载船只数；船只的吨数；能够维持三个月的物资补给量。此外，这些补给是与运载士兵的舰队一起出发，还是等第一批部队登陆后再单独运送？请在报告中注明。

7. 一旦我方控制了机场，位于摩尔曼斯克的战斗机便应立即进驻（甚至在我方高射炮就位前就应该行动）。我们应当在空中和岸上杀出一条路来。但我们还是要尽早将轻便型高射炮运到机场。每一个机场都应配备三个机动的或者轻便的"博福斯"式双管自动高射炮中队，且应在行动的头两天就准备到位，其余的重型高射炮也应尽快到位。由于刚开始只有两个机场供我方使用，因此必须在这两个机场部署密集的炮火。

8. 一旦这些机场的高射炮和战斗机部署完毕，我们的重型轰炸机便会从苏格兰起飞，以这些机场为基地，开始向南部的敌方机场发动袭击。

* * *

此刻，我试图为英、美联军打算在1943年朝法国发动的重点进攻制订一个计划。自从美国参战后，我便一直忙于此事。1941年12月18日，我在给总统的第三份报告中曾提出一个大致的方案。我非常焦虑，因为我觉得要想进行这样一场声势浩大的行动，我们一定要从一开始就对其十分了解并制订出相应的计划。我全身心地投入这项计划。我想大致描绘出这项行动的规模、性质，以及实施该行动所必需的态度和精髓。无论该计划的具体细节如何，有一点毋庸置疑——我们必须付出巨大的努力。

首相致伊斯梅将军：

1. 请三军参谋长仔细研读附件内容，我想尽快知道他们的想法。也可以让计划委员会看看。

2. "痛击"行动和"围歼"行动的准备工作不应麻烦本土部队总司令，他已经有很多事情要忙了。请告诉我具体该怎么做。

1942年6月15日

"围歼"行动

1. 这一行动对于规模、同步性还有强度都有严格要求，敌人不可能处处设防。在第一波行动中，我们至少要在六个地方大举登陆，同时至少在六处假装进攻，如果运气够好，正好碰到敌方防守薄弱的话，便可顺势将佯攻变成主攻。届时，在数量和质量上都处于劣势的德国空军一定会倾巢而出，并被我军打散。当我们在一两个据点与敌人激烈交战并缠住敌人时，便可以在其他地点轻易取得胜利。

2. 第二波行动主要是增加登陆部队，并从进展顺利的地

方继续往前推进。届时，我们将从海上进行流动攻击，这样一来，第二波的登陆地点便有更多的选择。

3. 希望到时候"朱庇特"行动已经开始执行。我们应计划在下列地点进行登陆和佯攻：丹麦、荷兰、比利时、多佛尔海峡（空战的主战场）、科汤坦半岛、布雷斯特、圣纳泽尔以及纪龙德河口。

4. 第一个目标便是大规模登陆。第一波行动中，至少要有十个装甲旅登陆。登陆后，这些装甲旅必须冒着极大的风险，深入内陆地区，鼓动当地群众加入战斗，切断敌方交通线，尽力扩大战区。

5. 当敌人被第一波行动搅得混乱不堪时，第二波行动又接踵而至。第二波行动的目的是在精心挑选的战略要地集结装甲部队和机械化部队。如果我们事先选定了四到五个地点，那么最后能完成集结的可能有三个。随后，各个据点间应建立联系，战斗计划便可成形了。

6. 如果登陆部队的规模真如上述所说，那么势必会给敌人带来严重干扰，敌人至少需要一周时间来集结队伍，期间他们只能组织小规模反击。在这一周内，我们要派遣出类拔萃的战斗机中队进驻被占领的机场，继而将制空权（迄今为止，我们一直在争取加来海峡的制空权）进一步扩大。皇家空军必须研究该如何迅速占领机场并加以利用，这是成功的必要因素。起初，这些机场只能充当加油站，但我们的最终目标是尽早发动空战。第一阶段中，肯定会有一些不正常的损耗。我们应以最快的速度将高射炮运送登陆并安装好，这点十分重要，由每个机场自行研究该如何操作。

7. 由于上述行动都是在内陆进行的，因此我们有必要在行动的同时控制至少四个重要港口。为了达到这一目的，至少需派出十个步兵旅投入战斗（部分士兵需配备脚踏车，全部士兵都需经过特殊的巷战训练）。我们应当预料到，要想完

成这一目标必然会有很大的人员伤亡和物资消耗。

8. 为了确保上述行动的成功，在行动开始后的一周内，须保证至少四十万士兵一次性或者分批登陆并迅速投入战斗。

9. 一旦我们占领了任意一个港口，第三波攻击就应立即开始。大型船只将从我国西部港口出发，运送不少于三十万人的步兵和大炮（包括这一批士兵和部分早先登陆士兵的大炮）登陆。前两波为主要作战人员，到第三波士兵登陆后再依据军和师的编制将部队整编。倘若有七十万士兵可以在行动开始的两周内上岸，如果我方掌握了制空权，如果敌军陷入混乱，如果我们能控制至少四个可用港口，那我们也就胜券在握了。

10. 在不计代价的突袭和强攻之后，接下来的行动就可以按照传统方法（编制和补给都可以参照传统）继续往前推进了，下一步要解决的也就是增援和协同行动问题。届时，前线会不断扩大，我们也可以有序向前推进。前三波人员在进攻敌方海岸时肯定会遭受无数次失败，且一旦我们失败，整个行动都将毁于一旦，我们一定要做好这样的心理准备，否则在现代战争条件下，我们就不能尝试这么非同寻常的行动。

11. 我之所以说这么多，是想大致描绘出这项行动的规模以及成功实施该行动所必需的态度和精髓。

*　　*　　*

参谋长们一整个夏天都在讨论这一计划。大家一致同意废除"痛击"行动，也没有人再提起过"大将军"计划。此外，"朱庇特"行动也没有获得很多支持，但我们达成一致意见，要在1943年跨越海峡作战。那么现在的问题是，我们在接下来的这段空闲期要做些什么？英美两国不可能只在沙漠作战，其他的全然不顾。总统先生已经决定

要在 1942 年与德国进行大规模作战。那么地点选在哪里？没有比法属北非更适合的地方了，一谈起这个地方，总统总是微笑着。眼前摆着这么多计划，但只有最合适的才会被最终采纳。

　　我耐心地等着答案。

第八章

EIGHT

隆美尔发起攻势

我方防守阵形——布雷区及"哨所"——5 月 26 日，德国开始进攻——5 月 30 日，我方千架轰炸机突袭科隆——在桥头堡和比尔哈凯姆的激战——令人忧虑的一点——6 月 12 日、13 日，在阿德姆和"骑士桥"之间爆发坦克战——奥金莱克与里奇：折中计划不如人意——托布鲁克处于危急存亡之际——至关重要的要塞——我决意照原计划访问华盛顿

奥金莱克将军清楚地知道，靠他掌握的军事力量很难夺得战争的主动权，但他相信，这些部队用于防守还是绰绰有余的。他安排下属，即时任第八集团军指挥官的里奇将军，部署了一条防御战线。这条战线可谓煞费苦心，它起于南非师驻守的加柴拉，止于比尔哈凯姆，由柯尼希将军指挥的第一自由法国加强旅守卫，这个地方已经在沙漠正南四十五英里开外了。一连串叫作"哨所"的设防据点构成了前线的防御体系，这些据点由旅或更大规模的部队负责守卫。不仅如此，整条战线上还有成片的雷区。我方装甲部队和第三十军则在战线后方随时待命。

除阿拉曼战役外，沙漠战场上的所有战役都是以侧翼装甲部队的大范围快速迂回作战拉开序幕的。5 月 26 日至 27 日，隆美尔借夜色发起进攻，其全部装甲部队绕过比尔哈凯姆向前掠去，目标直指英国装甲部队，意图将其全部消灭。他还企图在 28 日傍晚占领阿德姆到西迪雷泽格的阵地，并由此从后方攻下经过精心部署的英方阵地。隆美尔打垮了一支印度摩托化旅，在战斗开始时便全速向前挺进。然而他遭到了装甲部队的顽强抵抗，同时，我方专门为了防范此类进攻的部队

也全力出击。在数日的苦战之后，隆美尔意识到难有作为，而他所需的物资储备以及应付这场无休无止的战斗所需的弹药，都要经长途跋涉绕过比尔哈凯姆运至前线，这使他感到困难重重。因此，他安排工兵在我方布雷区开辟出两条捷径，将之作为近便的交通线。随后，这两条通路被不断拓宽，通路两侧便是第五十（诺森伯兰）师的第一百五十旅全力驻守的"哨所"。31日，他的大规模装甲部队及载重汽车终于全部撤入这两条缝隙之中。他在我们前方建立了一个所谓的"桥头堡"，将第一百五十旅固守的"哨所"团团围住。这个被称为"大锅"的包围圈，便成了我方空军的主要攻击目标。

隆美尔最初那个鲁莽的计划肯定是失败了。然而，他一旦撤入我方布雷区，便可以在此进行有效防守，并重整队伍，伺机反攻。

6月1日，奥金莱克将军发布的公报详细说明了这场灾难性的激战是怎样开始的。次日在下议院，我几乎逐字逐句地朗读了这份公报。

奥金莱克将军与特德空军中将致首相：

5月26日夜间，隆美尔率德国非洲军发起攻击。当日，他不厌其烦地向他手下的德军、意军强调，此次大规模行动要对英国利比亚军队造成致命打击。为此，他要配备一支数量占优、装备完善的军队，并将安排强大的空军加以支援。最后，他向意大利国王兼埃塞俄比亚皇帝、罗马帝国领袖及德意志帝国元首致敬。然而，我们已经预料到了他的这次攻势并严阵以待。从截获的情报来看，隆美尔显然旨在击溃我方装甲部队并攻占托布鲁克。

27日，隆美尔从北线进攻我方加柴拉以南的主要阵地，这一战他没占到什么便宜。后来，他又企图从加柴拉入口处突破我方海岸线防线，这次又被我方轻易打退了。5月28日、29日和30日，我方装甲师、步兵旅同德国非洲军以及支援德国非洲军的意大利机动部队连续激战了三天。这次交战范围北至阿克鲁马，南至四十英里外的比尔哈凯姆，东起阿

德姆，西至三十英里外我方布雷区之间，双方就在这片广阔的区域内来回进退。敌军意识到他们的物资和水源即将告罄，于是他们在我方布雷区开辟出两条通路，一条沿卡普措小道延伸开来，另一条则在十英里以南……目前，我方尚难统计出在这场战争中具体破坏了敌军多少交通工具、多少辆坦克，但无疑我们成果颇丰。与此同时，每晚，我方夜间轰炸机都会空袭敌方前沿机场及航空线。

5月31日，敌人成功将部分坦克及运输车辆撤入布雷区的两条通路上。随后，为了防备我方从东部发起攻击，他又调来了装备精良的反坦克炮进入阵地以保护这些车辆。然而，这道屏障防守区范围有限，敌军大部分的坦克和运输车辆还暴露在外。在空军轰炸机和战斗机的强力支援之下，我方军队持续不断地对其进行打击破坏。

我军清剿了比尔哈凯姆以东地区。在这里，我们摧毁了大批敌方坦克及车辆，占领了两个大型工场。双方交战正酣，战事远未结束。虽然进一步的激战势在必行，但是无论结果如何，我们已经完全击垮了隆美尔的初次攻势，并严重消耗了敌军的人力和物力。在一周的艰苦抗敌中，里奇将军及其手下的部队指挥官戈特中将，展现出了高超的作战技巧、坚定的决心以及顽强不屈的崇高精神。

1942年6月1日

"由此可见，我们有理由对目前所取得的成果感到满意，甚至自豪。此外，我们还将密切关注战事的最新进展"，我十分欣赏上述评论。

随后，我谈到了5月30日至31日那一夜对科隆进行的大规模空袭，英国人驾驶不下一千一百三十架飞机越过大海奔赴前线。我又报告："昨夜，英国皇家空军的一千零三十六架飞机再度飞抵欧洲大陆，几乎全部飞机都活跃在德国埃森地区。在这第二次大规模空袭中，我

方有三十五架轰炸机失踪。这两次夜间的大规模空袭活动标志着英国空军对德攻势已经跨入了一个新的阶段。不久，在美国空军加入之后，我们的空袭规模还将进一步扩大。"

我虽然对沙漠战场的开局感到满意，但是马耳他岛的局势又使我颇为忧心。

首相致奥金莱克将军及特德空军中将：

　　我无须再度强调确保我方运输船队平安抵达马耳他岛的重要性。我相信，你们二位会采取相应措施，以确保空中护航队，尤其是确保"勇士"式战斗机能从尽可能靠西的机场起飞。我希望你们已计划好，占领马尔图巴机场后，怎样快速将其投入使用，使其作为飞机燃料补给基地，并且还应做好防卫部署，包括警卫及高射炮，如有可能，还应安排好战斗机所需航空汽油、机油及弹药的空运事宜。即便战斗机只需加油两次，安排不妥也将影响全局。想必你们已经考虑到了其他各项事宜，在一切安排妥当后务必尽快通知我。

1942 年 6 月 2 日

*　　*　　*

现在，我们得知隆美尔预期在发起进攻次日便占领托布鲁克。关于这点，奥金莱克将军说得没错，隆美尔最初的美梦已然告破。隆美尔唯有穿越我方布雷区，固守并壮大其在桥头堡的兵力，才能重整旗鼓、卷土重来。只要强有力的自由法国第一旅能顽强抵抗陆、空两路袭击，固守比尔哈凯姆，我们就阻断了隆美尔运输物资的唯一可靠途径。

6 月第一周，战事集中在两个地点：比尔哈凯姆及桥头堡。顽强的第一百五十诺森伯兰旅驻守在桥头堡内。鉴于隆美尔急需物资和水源，他只能消灭这个旅，打通交通运输线，这才不会落得满盘皆输的下场。他决意在 6 月 1 日击溃这个旅，以下是隆美尔自己说的一段话：

> 在可想到的英军最为顽强的抵抗之下，德意军队一码一
> 码地拼杀前进。英方指挥的这次防守颇有手段。不仅如此，
> 同往常一样，他们会顽强战斗，直至用尽最后一发子弹。

对我们而言，目前的关键在于突破敌军在桥头堡的防守。尽管我们猛烈空袭了敌军交通线，但是敌方早晚会恢复实力，卷土重来。我们考虑其他可取方案时，日子过得飞快，到我们采取行动那天，已经是 6 月 4 日了。由于缺乏支援、指挥不当，我们为这次尝试付出了惨痛的代价，一个印度步兵旅和四个战地炮团被打得溃不成军。奥金莱克将军将此次行动称为"整场战役的转折点"。我们错失良机，隆美尔重获战争主动权，如他所愿，他率军沉重地打击了里奇的军队。

没过多久，敌人的装甲部队便从桥头堡突围成功，再度发起进攻。自由法国军队虽全力防守，却最终不敌隆美尔，并被迫撤出比尔哈凯姆。对我们来说，这又是一次沉重的打击。战役的第二阶段开始时，远比第一阶段更糟，就连皇家空军竭力战斗也难以挽回随后的败局。

＊　　　＊　　　＊

正如大家所看到的一样，我一直坚信，我方应有一支可供使用的海上机动战略后备队。1941 年夏天，虽然当时美国并未参战，我还是成功地向罗斯福总统借来了美国运输舰，以便将我们的两个师运至好望角附近。这也保证了我方能在日本参战后及时支援印度。1942 年 3 月 4 日，情况万分危急，此时，我再次向总统求借运输舰，以便把另外两个师运至好望角附近，但具体地点尚未确定。于是，这支力量可观的军队便在海上待命，我们可以自行决定将其派往何方。照目前来看，我们理应派这支部队前往埃及支援沙漠战争。然而，如果由苏联驻守的里海至高加索防线被突破，这对我们威胁更大。退一步说，倘

若日本出人意料地入侵了印度或者澳大利亚又该如何？因此，到底是将这支部队派往上述地点，还是有其他更好的选择？我们还有一个月的时间来决定。

我急忙把这个好消息转告给奥金莱克将军。

首相致奥金莱克将军：

　　我一直惦念你们领导的伟大的沙漠战役，也不停思索怎样才能更好地帮助你们取得战争的最终胜利。现在我有一些好消息要告诉你。

　　第八装甲师正在好望角待命，第四十四师则快要抵达弗里敦。为了更好地看清战况走势，我们一直都没有决定将这两个师派往何处。不久前，我同澳大利亚政府协定，倘若澳大利亚遭受重大袭击，我们会立刻派遣这两支部队前往支援。然而目前为止，澳大利亚情况尚好。鉴于日本海军在珊瑚海及中途岛附近的作战中受到重创，我们认定最近日本很难再兴风作浪了。虽然我们并未对韦维尔做出什么承诺，但是倘若日军有入侵印度的迹象，我们也会将这两个师派往印度支援。但目前看来，这种情况很难出现，更何况英方已经将第二、第五、第七十师派去援助印度了。

　　由此可见，如果近几日澳大利亚没有受到严重威胁，我们便会将第八装甲师和第四十四装甲师调往你处。因此，你拟定战斗计划时，可假定第八装甲师和第四十四装甲师将分别于6月底和7月中旬先后抵达苏伊士运河。

　　此后，你应做好将你手下的一个英印师及第二百五十二印度装甲旅送回印度的打算，究竟是否执行则要你视大局而定。请将你的最终决定告诉我，以便我转达给韦维尔将军。

　　我已经将第八装甲师目前的准确情况、其坦克的技术准备状况、各船实际装载量及到达日期另行通知你处。如此一来，你便可以尽可能做好部队登陆、编组的准备工作，且最

高效地安排部队投入战争。我们认为，有这样一支即将到达的后备军作为支援，你就可以更为自由地利用现有兵力。祝你一切都好。

1942 年 6 月 9 日

奥金莱克将军致首相：

您真诚的祝福使我备受鼓舞。我希望过去两个星期艰苦卓绝的激烈战事能让您看到一些成果。听闻第四十四师和第八装甲师将来沙漠战场作战的消息，我极为振奋。虽然这尚未最终确定，我已经立刻开始制订计划以充分发挥这两支部队的作用。此外，第八装甲师指挥官目前已在开罗。

我注意到，将来我可能需要遵照您的指示，把一个印度步兵师和一个印度装甲旅送回印度。您是知道的，我手下的兵力不足以对抗德国从安纳托利亚处发起的攻击，也不足以防守波斯。虽然这两场战役不一定会爆发，但是我必须提前做好防范措施以备不时之需。我明白，印度所面临的威胁可能比我面临的来自北部及东北部的威胁来势更快，造成的后果也更为严重。我也明白，倘若战局中最为关键的地点面临威胁，您是唯一可以调度军队来应对这些不测的人。我之所以提及叙利亚、伊拉克和波斯的情况，只是为了提醒您，如果我们在德国深入进攻之前没有得到充分的增援，那么以我们现在的实力，很难在沙漠战场抵挡德国的进攻。

正如您所言，得知这两个精锐师即将前来支援，我就可以更为自由地利用现有兵力。您大概已经获悉，我已把大批军队从伊拉克调至利比亚，以加强第八集团军的实力。

我代表全体同仁对您表示感谢。

1942 年 6 月 10 日

＊　　　　＊　　　　＊

　　6月10日，奥金莱克将军寄来一份截至6月7日敌我双方伤亡情况的估算报告。"一直以来，在双方激烈交战时，我们都很难统计出准确的人员伤亡和装备损失数量。我们估测英方损失人数约为一万人，其中八千人可能被俘。然而我们尚未获悉第五英印师的确切伤亡情况。"他并不清楚敌军的死伤人数，但是他认为敌军伤亡情况想必"很可能和我方大致相同，或是更为惨重"。我方俘获了四千名敌军，其中一千六百六十人为德国人。敌军损失了四百辆坦克，其中二百一十一辆"确认已损"。我方损失"三百五十辆"坦克，其中包括一些尚能修复的坦克。这样一来，在6月9日，我方尚能用于作战的装甲力量就只剩下二百五十四辆巡逻坦克和六十七辆步兵坦克。我方摧毁敌军大炮一百二十门，自己也损失了十门中型大炮、一百四十门野战炮、四十二门六磅炮和一百五十三门两磅炮。

　　种种原因之下，我方损失飞机一百七十六架，牺牲、失踪或受伤的飞行员总计七十名。估计敌方被毁或受损的飞机数为一百六十五架，其中四分之三为德国飞机。

　　在此期间，第三印度摩托化旅（唉！已经溃败）、第十英印师、一个装甲旅和数支其他部队都已赶来支援第八集团军，第五印度步兵旅也已蓄势待发。战斗打响以来，共有两万五千名士兵、七十八门野战炮、二百二十门反坦克炮、三百五十三辆坦克加入了第八集团军①。

　　对比敌我双方坦克、大炮和飞机的损失情况，整体结果是令人满意的，当然这些数字也是无误的。但是，下面这句话不免使我大吃一惊，"据估计，我方损失人数约为一万人，其中八千人可能被俘，第五英印师的确切伤亡情况尚未知晓"。就死伤人数和被俘人数来看，我方远远高于敌军。由此可知，战争中一定发生了某些让人不悦的事。同

---

　　①　该数字中包括第三印度摩托化旅，战事初始时它就在该处。

时这也说明，开罗司令部在报告这次战争时漏掉了许多重要的细节。然而在回信中，我并未提及这点。

首相致奥金莱克将军：

　　对于你在来电中告知的情况和数字，我万分感谢，这些资料也表明你们确实取得了不错的成绩。虽然人们都希望凭借谋略或反击取胜，但是倘若我们不得不进行一场旷日持久的消耗战，也丝毫不必畏惧。由于我方交通线发达，比起里奇，这场消耗战对隆美尔来说压力更大。更何况援兵正在飞速赶来的船上。装备修复工作进展极好，这使全体工作人员倍感光荣，备受鼓舞。请代我向里奇将军致贺，大批时时刻刻关注着战事最新进展的人们，都对他顽强战斗、坚定抗敌的精神甚感钦佩。

1942 年 6 月 11 日

奥金莱克将军回信，内容如下：

奥金莱克将军致首相：

　　您 6 月 11 日发来的电报振奋人心，我十分感激您的理解与关怀。

　　我们目前的损失相当惨重，我担心下次交战时，类似的局面再次发生。但是就像您所言，我们的资源更为充足，且隆美尔及其部队处境不佳。

　　我已将您的问候转达里奇将军，我相信他一定会对您深表感激。

1942 年 6 月 11 日

*　　*　　*

隆美尔的援军已至，占领比尔哈凯姆也使他能够更为自如地用兵。

现在，他已率装甲部队突破"大锅"，从南部向我们发起进攻。我方侧翼部队已经转移，在战线最北端，第一南非师和第五十师的各个旅依然坚守在原来的阵地上，有可能被敌军拦腰截断。

6月12日到13日，双方为争夺阿德姆与"骑士桥"之间的山脊一直激战不休。这场战役是坦克战的高潮，战役结束时敌军已掌握了战局的主动权，而我方装甲部队则遭受重创。在皇家骑兵师第二团的支援下，警卫旅拼死抗敌却无奈败北，不得不从这一带的交通中心——"骑士桥"撤退。在皇家空军的支援下，第一南非师和第五十师成功脱身，幸好撤退及时，这两支部队才免于全军覆没。

到14日，我们可以清楚地看到，我方战局形势已经急转直下。国务大臣凯西先生发电给我，主要是关于军务方面的消息。全文如下：

国务大臣致首相：

您知道的，西部沙漠的战事已达紧要关头。奥金莱克与里奇在一起讨论了一天一夜，直到6月13日，也就是昨天深夜才回来。他们最终达成一致意见，要固守阿克鲁马—阿德姆（分别在托布鲁克以西和以南十六英里）一线。针对此点，奥金莱克已向里奇下达指令。第一南非师和第五十师正从加柴拉阵地撤退。我一直与总司令保持密切联系，并时刻关注着战事变化以及已到达战场和正在路上的增援部队的情况。

我充分相信奥金莱克的领导力，我也相信他能够利用好现有兵力指挥作战。我唯一的希望就是他能分身两地，一个在战局中心统筹全局，另一个则在前线亲自指挥第八集团军作战。最近几天，我甚至不时思索，倘若他亲临前线指挥战役，让他的参谋长暂时负责指挥部事宜，这样或许会收获奇效。但是他却和我意见相左，我也不便强迫他。这场战役由奥金莱克负责指挥，他来任命下属自是理所应当的。

特德指挥的皇家空军战绩颇佳。我可以负责任地说，我

方在沙漠战场享有空中优势。前往马耳他岛的两支运输船队航行是否顺利，今明两天便可见分晓。从空军的角度来看，西部沙漠无疑是有利于西行船队航行的，但意大利舰队的水面船舶将会在明天给西行的运输船队造成极大的威胁。

1942 年 6 月 14 日

凯西先生谈到了奥金莱克亲赴沙漠前线指挥的优势，这一点正合我意，早在一个月前，我就向奥金莱克将军提出了这一看法。作为中东战场的总指挥官，他位高责重、事多且杂，难免会被束缚手脚。因此，他仅仅把这场事关全局的战役看作职责的一部分。他认为我们始终面临着来自北方的威胁，并需对此高度重视。然而，身处国内的我们能更好地统观全局，我们认为他的担忧实属多虑。

奥金莱克做了折中的安排。里奇将军所担任的副参谋长一职近日被奥金莱克卸去了，并被派去指挥那场关键战役。但同时，奥金莱克一直密切监督里奇的一举一动，不停地向他发布指令。直到灾难发生，他才决定听从国务大臣等人的再三劝告，去做一开始就应该做的事，即亲自指挥战役。我和我的同僚要为他所犯下的这个错误承担一定责任，一年以前，在他负责指挥中东战役前，我们赋予了他过多的职责以致现在他难以兼顾。虽然我们一直试图为他提供明确、及时又多样的建议，以试图减轻他的负担，但是他全都拒绝了。在我看来，倘若他从一开始就亲自指挥沙漠战役，充分行使职权，派一位助手留守开罗，负责关注北部情况并处理这个庞大战区种种庞杂的任务，那么这场败局或可幸免。而事实证明，他亲自担任指挥以后，也确实挽救了我方残余力量。

上述事件给我带来了很大的痛苦，各位读者不久就可以看到。8月10日，我在给亚历山大将军下达指令时，吸取教训，明确了他的职责。学无止境，在这场战争中我也在不断学习。

此时，我致电奥金莱克，内容如下：

首相致奥金莱克将军：

　　我真切地支持你准备战斗到底的决定。无论结果如何，我们都将全力支持。此战容不得丝毫退却。这是武器的较量，更是意志力的考验。愿上帝保佑你们。

1942 年 6 月 14 日

*　　*　　*

　　很快，我们迎来了防守托布鲁克的难题。就像去年一样，我们应不惜一切代价守住它。而如今，在耽搁了一个月之后，奥金莱克将军从叙利亚调来了新西兰师，可惜新西兰师最终还是没能赶上托布鲁克战役。

首相致奥金莱克将军：

　　1. 里奇将军计划将加柴拉的守军撤到何处？请确保无论在何种情况下都要坚守托布鲁克。守住托布鲁克，就相当于守住了埃及的大门。类似的情况，我们在 1941 年 4 月便已经历过一次了。请解释一下您所说的撤回"老边界"。

　　2. 听闻您准备将新西兰师调回西部沙漠，我很高兴，请您告知我新西兰师参战的具体时间和地点。

　　3. 帝国总参谋长支持上述全部内容。如有最新消息请及时告知我。

1942 年 6 月 14 日

奥金莱克将军致首相：

　　1. 我已下令，让里奇将军守住阿克鲁马—阿德姆—比尔古比这条总战线，不让敌人跨过。这并不是说我们要在这条战线上驻守，而是要确保敌军无法在该线以东立足。来自加柴拉阵地的两个师将会协助防守这条战线。我给里奇将军的

命令如下：

（1）阻止敌人跨过阿克鲁马—阿德姆—比尔古比这条总战线。

（2）绝不能让他所率的第八集团军在托布鲁克陷入包围。

（3）一有机会便发动攻击，骚扰敌军。

同时，我提议在塞卢姆—马达累纳堡地区组建尽可能强大的后备队，以便我方尽早发起反攻。

2. 正在行军途中的新西兰师，应在十到十二天的时间内全数集中于目的地，但如有其他需要，先头部队应先行抵达。

1942 年 6 月 15 日

奥金莱克下达给里奇将军的命令难以令我们满意，这项命令并未明确要求他守住托布鲁克。为了弄清奥金莱克的真正意图，我发给他一封电报，内容如下：

首相致奥金莱克将军：

你承诺无论如何都不会放弃托布鲁克，这使我非常高兴。对于你发来的电报，战时内阁是这么理解的：倘若有需要的话，里奇将军将会留下尽可能多的兵力来保证托布鲁克的安全。

1942 年 6 月 15 日

奥金莱克将军的回电言之凿凿，消除了我们的疑虑。

奥金莱克将军致首相：

战时内阁对电文的理解无误。即使敌人切断了托布鲁克与我方大部队的联系，里奇将军也会留出充足的兵力防守该地。托布鲁克主要由四个旅驻守，且该据点弹药、粮草、用

水充足。近日，第八集团军将以守住阿德姆地区为中心任务，此外我们还将派出全部可用机动部队驻扎在阿德姆以东或托布鲁克地区，阻止敌方在这两地立足。关于这点，我已向里奇将军发出明确指示，我相信他定能不负所托，实现这项战略目标。

当前形势和去年大不相同。边境线上，我们占据了设防阵地，敌人没有。此外，即使我们暂时无法使用甘布特的机场，我方战斗机也能在托布鲁克上空作战。在我看来，倘若我方情报无误，敌人当前兵力还远不足以支撑其野心，即攻下托布鲁克，突破我方边境防线。这样看来，我方便可以守住边境线及托布鲁克。

我已经同国务大臣和其他总司令探讨过此项事宜，并达成了一致意见。

1942 年 6 月 16 日

首相致奥金莱克将军：

听闻你成功地在新战线上重新部署了第八集团军，并且与增援部队保持着密切联系，我们都感到分外高兴。在得知你准备不惜一切代价坚守托布鲁克时，内阁成员也分外满意。

当然，到目前为止，我们还无法判断这项战术是否适宜，但是，我们相信，如果全体部队共同出击，并且你夺回战争主动权的话，肯定有利于我们接下来的行动。随着新的战争形势的出现，我们或将抓住战机。显然，目前敌军已面临着很大的压力，如果我们步步紧逼，不给敌军丝毫喘息的机会，我们取胜的概率就更大了。因为在装甲战中，步步紧逼的作战计划有利于进攻，然而，作为防守方，虽然在上次战斗中战绩颇佳，此刻却只能疲于应付。我代表全体同僚谨向你致以最诚挚的祝愿。

1942 年 6 月 16 日

*　　*　　*

照前些年的经验，我们对这次战役信心十足。此外，正如奥金莱克所言，理论上说，我方当前形势远比 1941 年时好得多。一整个集团军都在托布鲁克周边战线防守，在交通方面，我们最近还修建了一条宽轨铁路。之前，我们主要依靠海洋作为交通线，兵力便主要部署在侧翼。虽然我为先前的败绩惋惜不已，但是考虑到双方兵力对比和隆美尔的补给难题，我相信，战事即将迎来转机。

然而，我们并不清楚托布鲁克目前的实际状况。奥金莱克计划静待进攻时机，且几个月已经过去了，我们也不知道托布鲁克那些久经沙场的防御工事是否依旧坚固，有没有进一步加强。对于奥金莱克所要实施的防守战来说，托布鲁克的防御工事及突破口的安危是我们无法预估的。

最后，身处伦敦的各位谁都没有想到，用于托布鲁克防卫战的"暂时"一词，会有另一层意思。包括总司令在内的我们所有人都以为，就算我方在战争全局中处于劣势，奥金莱克都会像之前一样，将托布鲁克作为一个独立的要塞牢牢守住。第八集团军则会沿主要交通线撤回马特鲁港阵地。如此一来，托布鲁克将一直处在隆美尔的侧翼，他就不得不分散兵力包围并监视托布鲁克的情况。此外，他可能不得不延长交通线，其资源短缺情况也将日益严峻。况且新西兰师已近在咫尺，从海上赶来的我方强大援军也即将到达。在我看来，长远来说，倘若双方需要拼尽全力进行消耗战，也并不一定就对我方不利。因此，我并未取消再度访问华盛顿的行程，更何况我还需要在那里解决一些事关战略全局的重要问题。我的同僚也对我的计划表示支持。

第九章

NINE

第二次访问华盛顿

飞往华盛顿——在海德公园颠簸着落地——原子裂变的早期历史——6 月 20 日同罗斯福和霍普金斯的会谈——"重水"及无为带来的危险——美国制造原子弹的决定——托布鲁克的陷落——关于未来战略的会议——与艾森豪威尔及克拉克的首次会面——6 月 22 日的爆炸性头条——6 月 24 日参观杰克逊堡——6 月 25 日在华盛顿市召开的多次会议——平安飞回本国

　　我此行的主要目的是最终确定 1942 年和 1943 年的行动计划。美国当局，尤其是史汀生先生和马歇尔将军迫切希望立刻确定部分方案，从而使美国能够于 1942 年在陆空方面与德国进行大规模交战。倘若这无法实现的话，美国三军参谋长将会认真考虑颠覆"首攻德国"的战略。还有一件麻烦事令我头疼，那就是"合金管"（后来称之为原子弹的密码代号）问题。我们的研究和试验充分表明，必须与美国达成明确协定。人们认为，这件事只有我和美国总统亲自洽谈才能成功。虽然沙漠战场激战正酣，战时内阁却通过决定——我应当同帝国总参谋长和伊斯梅将军一道立刻离开英国、离开伦敦前往美国。这表明，我们对于解决自身所面临的重大战略问题是如何重视。

　　考虑到在这艰难时期，事态紧急，危机四伏，我决定不乘船而是乘飞机前往。这意味着，我们只有二十四个小时无法及时获悉全部情报。为了能够即时传达来自埃及的消息、迅速传递和解码全部报告，我们提前做了充分准备。我们不希望贻误决策时机，事实上这也没有发生。

　　按照惯例，如果君主未提出要求，首相没有职权提议自己的继任

者人选。由于现在处于非常时期，为了答复国王在上周的例行会面中
所提要求，我向他递交了这封信，内容如下：

陛下：

　　倘若我在即将踏上的这次旅程中不幸遇难，若您恩准，
我建议您可以将组建新政府的任务委托给现任外交大臣安东
尼·艾登先生。在我心目中，他是下议院最大政党以及我有
幸主持的国民政府中的一位杰出大臣。我相信，在当前严酷
条件下，以他坚定的决心、丰富的经验及卓越的能力一定能
够处理好陛下您的各项事务。

　　　　　有幸成为陛下您忠实的、并深爱着这个国家的臣民

　　　　　　　　　　　　　　　　　　　　温斯顿·丘吉尔

　　　　　　　　　　　　　　　　　　唐宁街 10 号，白厅

　　　　　　　　　　　　　　　　　　1942 年 6 月 16 日

　　虽然我现在很清楚 1 月我们从百慕大返航时险象环生，但是出于
对主驾驶员凯利·罗杰斯和他的波音飞机的信任，我特地委派他负责
此次航行。与我同行的还有：陆军部计划局局长斯图尔特准将（之后
在参加卡萨布兰卡会议返航时遇难）、查尔斯·威尔逊先生、马丁先生
和汤普森中校。6 月 17 日午夜前夕，我们离开了斯特兰拉尔。天朗气
清，圆月当空，我在副驾驶位坐了两个多小时，欣赏着波光粼粼的海
面，脑子里萦绕着我所面临的难题，思索着令人忧心忡忡的战争。后
来，我在"新房"里安然入睡，直到天亮我们到达甘德后才醒来。我
们原本准备在这里补充燃料，可是发现无须加油。随后，我们问候了
机场人员便离开了。我们一路追随着太阳前进，白天显得格外漫长。
在六小时的时间里，我们享用了两顿午餐，并且准备到达以后晚点再
吃晚饭。

　　经历最后两小时的陆地上空飞行后，我们终于在美国时间七点飞
临华盛顿。当我们朝着波托马克河逐渐降落时，我看到了五百五十多

英尺高的华盛顿纪念碑顶，而这与我们的飞行高度相近。我提醒凯利·罗杰斯机长，在世界上那么多的目标里，我们因撞到这个纪念碑而结束冒险就太可惜了。于是他向我保证绝对会极其小心地避开它。就这样，在长达二十七小时的飞行之后，我们平安顺利地降落在波托马克河之上，哈里法克斯勋爵、马歇尔将军和美国几名高级官员迎接我们的到来。由于天色太晚，我们并没有急于飞往海德公园，而是回到英国大使馆用餐。在那里，我们读完所有最新电报——没有什么重要信息——于是就在室外愉快地享用晚餐。位于高地的英国大使馆是华盛顿最为凉爽的地方之一，与白宫相比，它在这方面更令人喜爱。

第二天（19 日）一早，我便飞往海德公园。等候在当地机场的总统亲眼看见了我所经历过的最为颠簸的降落。他极为热情地迎接我，并且亲自开车带我来到他的家——坐落于赫德森河岸边巍峨断崖上的海德公园。总统驱车带我环游，向我展示海德公园的辉煌壮丽。在这中间，我还不时陷入沉思。罗斯福先生因身体虚弱无法用脚踩刹车、离合器或是油门，但是上天却赐给他一双格外健壮的手臂，使他能够应付一切状况。他还让我感受他强壮的肌肉，据说曾经有一位著名的职业拳击手都对此羡慕不已。这无疑令人安心，可是我不得不承认，他有几次在靠近赫德森河边悬崖的草地边缘调整位置倒车时，我还是默默祈祷这些机械装置和刹车不要出现什么意外。一路上我们一直在讨论公务，虽然我尽量小心地不让他从驾驶中分心，但我们在谈话中所取得的进展可能比在正式会议中还要多。

总统听说帝国总参谋长与我同行，非常高兴。回忆起年轻时候，他总是兴致勃勃。当年，总统的父亲曾经在海德公园款待过布鲁克将军的父亲。因此，罗斯福先生非常希望能会见已身处高位的布鲁克将军。两天后，两人会面，他极为热情真诚地接待了布鲁克将军，将军的品行和人格魅力令他们一见如故。这也对整个形势的发展起到事半功倍的效果。

*　　*　　*

我将我想要达成决定的种种要点告诉哈里·霍普金斯，并由他转告给罗斯福总统，以便先行准备，也让总统心中有数。这些要点中，"合金管"是最为复杂的问题之一，而且事实证明，无疑也是最为重要的问题。

引用我在 1945 年 8 月 6 日在广岛被一颗原子弹炸为废墟之后所发表的一篇声明来描述此时的情况，最合适不过。声明内容如下：

> 早在 1939 年，多国科学家就已意识到，原子裂变产生大量能量是可能的。但是在将这种可能性转化为实际用途之前，人们亟待解决的问题相当繁多。当时，几乎没有一个科学家敢大胆预言，到 1945 年一定会成功制造一枚原子弹，且可供使用。然而，纵然我们对科学界人才的要求不尽相同，但英国政府还是认为这个项目潜力巨大，应当继续进行。现阶段，这项研究主要在以牛津、剑桥、伦敦（帝国理工学院）、利物浦和伯明翰大学为主的高校进行。在联合政府成立之时，该项目的协调及推进由飞机生产部门负责，而在乔治·汤姆森先生领导之下由顶级科学家组成的委员会则担当顾问。
>
> 与此同时，我们在总体安排之下搜集科学信息，分别在英国和美国从事此项工作的科学家们也充分交换了意见。
>
> 到 1941 年夏季，已取得这样的进展——乔治·汤姆森阁下的委员会在报告中称，在他们看来，极有可能在战争结束前制造出一颗原子弹。在 1941 年 8 月底，负责向我汇报这一项目所有进展以及其他技术发展情况的彻韦尔勋爵说，我们在这个项目上已取得实质性进展。当时，枢密院院长约翰·安德森先生负责统筹安排各技术委员会的科学研究工作。鉴于此种情况（也考虑到普通烈性炸药的效果，我们最近有太

多这种炸药），我于 1941 年 8 月 30 日在备忘录中向参谋长委员会提及此事，内容如下：

伊斯梅将军，转参谋长委员会：
　　虽然我个人对现有炸药相当满意，但是我认为我们不应就此止步不前。所以，在我看来，我们应该按照彻韦尔勋爵的提议继续采取行动，并由内阁大臣约翰·安德森先生负责。
　　静候参谋长委员会意见。

　　三军参谋长提议将其作为目前首要任务，并立刻采取相应行动。因此，我们在科学与工业研究部设立专门机构以指导这项工作。保密起见，我们称这个机构为"合金管局"，由帝国化学工业公司的 W. A. 埃克斯先生负责。我还请来了在这方面资历颇深的约翰·安德森先生继续督办此项任务，他在卸任枢密院院长之后转任财政大臣。除此之外，我们还设立一个咨询委员会，由他担任主席，专门为其进言献策。
　　1941 年 10 月 11 日，罗斯福总统写信给我，建议两国联合负责此项工作。于是，英美双方全力联合，而且许多参与此项目的英国科学家也前往美国。至 1942 年夏，这个扩大后的研究项目基础更加稳固、广泛，也证实了早在一年前就已做出的有望实现的种种预言。因而，现在是时候决定是否要建设更大规模的生产工厂了。

*　　*　　*

　　我与总统在海德公园时曾经讨论上述问题。当时，我带了相关文件，但是由于总统需要华盛顿方面提供更多相关资料，关于这件事的讨论就被推迟到第二天，即 20 日。那天午宴之后，我们在一楼的一间突出的阴暗背光的小屋里举行了会谈。总统安坐在几乎占满整个屋子的书桌旁，哈里在后面不知是站还是坐。我的这两位美国朋友似乎并未受到酷热天气的影响。

我大致向总统说明了我们目前所取得的巨大进展，而且我们的科学家十分确信在战争结束之前就可取得研究成果。他回答道，美方人员也在继续研究此项目，可是，除非进行全面试验，否则没人能确保能够产生实际成果。我们很清楚，德国花费多大努力保证"重水"的供应——这个邪恶、怪诞、奇异的术语开始悄然出现在我们的机密文件中。倘若敌人比我们先制造出原子弹该怎么办！不管人们多么怀疑科学家们的断言，科学家们自身也对这些断言争议纷纷，而外行人根本难以理解这些用专业术语所表达的断言，我们都不能冒这个致命危险——让敌人在这个可怕的领域领先于我们。

我竭力主张立刻搜集全部相关资料，英美双方在平等条件下共同开展工作，产生任何成果也由双方平等共享。于是，研究厂区的选址问题就出现了。我们早就意识到，建厂不但会花费一笔不菲的开支，而且需要从战时工作的其他系统大量调拨资源和人才。考虑到英国正遭受敌军频繁的轰炸和敌机不时地侦察，在英伦三岛建立这个目前急需的、占地面积广且引人注目的厂区似乎并不现实。我们认为，我们的科技水平至少和同盟国处于同一水平。当然，积极筹集大量铀资源，并为该资源的供应做出重大贡献的加拿大也不失为一个不错的选址地点。花费了数百万英镑，占用宝贵的作战资源，可是大西洋两岸的科学家都不能确保这一项目的成功，由此可见，决定厂址无疑是艰难的。不过，如果美国人不愿冒险建厂，我们也将会凭自己的力量在加拿大做出尝试，倘若加拿大政府也提出抗议，我们还有帝国其他地点可供选择。然而，当我听到总统说他认为美国可担此重任时，我还是感到由衷的喜悦。于是我们共同做出了决策，订立了协议的基本原则，具体内容我则会在下一卷详细说明。但与此同时，我确信，正是英国所取得的进展以及我们的科学家对于取得最终胜利的坚定信心，才促使罗斯福做出这一重大决定。

＊　　＊　　＊

同一天，我当面将我们急需商定的战略决策交给罗斯福总统，内容如下：

秘　密

1. 海上船只的持续性大量沉没是我们目前所面临的最为严峻也最为直接的危险。我们必须设法减少船只的损失，除了目前已采取的行动之外，还应采取何种措施？护航制度何时能够在加勒比海和墨西哥湾开始运作？是否应当减少不必要的运输？我们是否应该以减少商用货轮为代价建造更多的护航舰？倘若如此，又应在何种范围内？

2. 我们一定会坚持不懈地为"波莱罗"计划做准备，如若可能，则可在 1942 年执行，但是最迟也一定会在 1943 年实施。目前，整体作战计划正在制定当中。我们也正在为 9 月初的六个或是八个师在法国北部的登陆行动做准备。然而，英国政府并不赞同采取这次会招致灾祸的行动，因为这不但不会改善苏联目前所处困境，而且会连累牵涉其中的法国人，使他们遭受纳粹的报复，甚至还会严重拖累 1943 年的主要作战行动。我们坚持认为，除非在法国长期驻守，否则今年不应在此地进行大规模登陆。

3. 除非德军完全丧失士气（这几乎是不可能的），因此，截至目前，任何英国军事当局负责成员都无法为 1942 年 9 月的行动制订出有获胜希望的作战计划。美方参谋长们有可行计划吗？应该进攻哪些据点？有多少登陆艇和船只可供使用？这场战役的指挥官是谁？英国需要提供多少兵力，以何种方式援助？倘若能制订一个有获胜希望的合理计划，英国政府必将欣然接受，而且定会竭尽全力与美国同胞共同承担风险

和流血牺牲。我们仍会坚定不移地奉行此政策。

4. 但是假如无法制定出任何令当局满意的方案，并最终导致 1942 年 9 月法国大规模作战泡汤，那么我们还能做些什么？我们能在 1942 年这一整年内在大西洋战场袖手旁观吗？难道我们不应在"波莱罗"行动的总体安排之下采取其他行动以获取作战优势，而且还可以直接或间接地减少苏联方面的作战压力？正是在此种环境和大背景下，我们才应当对法属西北非的作战行动加以研究。

1942 年 6 月 20 日

*　*　*

20 日深夜，我们乘坐总统专列离开，大约于第二天早上八点抵达华盛顿。随后我们一行人在严密护卫之下到达白宫。总统又一次为我准备了一间宽敞的空调房，室内温度大概 30℃，比这栋建筑其他地方的温度低，真是舒服极了。接下来的一个小时我在翻看报纸、阅读电报中度过。用过早餐后，我穿过走廊去看望哈里。而后伊斯梅将军同我一道前往总统书房会见总统。不一会儿，有人给总统送上一封电报，然后他一言不发地把电报递给我，只见上面写着："托布鲁克的部队投降，两万五千人被俘。"这惊人的消息令我难以置信。于是，我让伊斯梅致电伦敦询问具体情况。几分钟后，他向我传达了身处亚历山大港的哈伍德上将的来电内容①：

托布鲁克陷落，战争形势急剧恶化，亚历山大港可能会很快遭到大规模空袭。考虑到满月日即将到来，我命令所有东部舰队开往运河以南等待命令。我希望英王陛下的军舰

---

① 5 月 31 日，哈伍德海军上将接替坎宁安海军上将任地中海舰队司令。

"伊丽莎白女王"号能在本周末前驶出码头①。

这是我能回想起来的在战争期间所遭受的最为严重的打击之一。这不仅在军事上影响恶劣，而且英国军队的声望也受到影响。在新加坡，八万五千名士兵曾投降于人数处于劣势的日军。而此次在托布鲁克，两万五千（实际为三万三千人）久战沙场的老兵向大约只有其半数之多的敌军缴械投降。如果沙漠军士气一直不振的话，那么我们面对非洲东北部日益紧张的形势将无计可施。我并未向总统掩饰我所遭受的巨大打击，那是一个相当痛苦的时刻。战败是一回事，耻辱则是另外一回事。而在这个时候，没有什么比我这两位美国朋友的同情和侠义更为珍贵的了。他们没有责备，也没有因此而出言不逊。罗斯福总统问道："需要我们提供什么帮助？"我马上回答道："请支援给我们尽可能多的'谢尔曼'式坦克，并将其尽早运送到中东地区。"总统派人去叫马歇尔将军，将军几分钟之后到达。总统把我的请求转述给将军，将军回复道："总统先生，'谢尔曼'式坦克刚刚投入生产。第一批的几百辆已经分拨给我们自己的装甲师，在此之前他们只好安于使用陈旧的装备。从士兵手上拿回武器是一件十分残忍的事情，但是，如果英国急需这批装备，我们不但可以让出坦克，而且还能提供一百门一百零五毫米口径的火炮。"

为讲全这件事，还必须提及，美国人言出必行。三百辆"谢尔曼"式坦克和一百门火炮装上美方六艘最快的舰艇，立即被派往苏伊士运河。其中一艘在百慕大群岛被一艘潜艇击沉。未等我方张口，罗斯福总统和马歇尔将军就立刻派遣另一艘装载七十辆坦克的舰艇支援舰艇部队。"患难见真情。"

---

① 哈伍德海军上将做出这一决定是因为亚历山大港此时可能会遭到战斗机掩护之下的俯冲轰炸机的袭击。

* * *

其后不久，布鲁克将军和哈里·霍普金斯同我们一起开会，就未来战略问题进行商讨。伊斯梅将军还保存了一份当时关于军事决策的会议记录。

1. 为极大规模地推进1943年"波莱罗"作战行动，我们将开足马力、竭尽全力做好计划和准备工作。然而，关键的是，美国和英国应当做好于1942年采取攻势的准备。

2. 倘若1942年在法国或是低地国家所采取的行动能够获得成功，那么这将具有比其他战场更显著的政治和战略意义。所以，我们要开足马力、竭尽全力、独具匠心地为推进此次行动做好计划和准备；还要以最坚定的态度来克服在此次行动中将遇到的显而易见的危险和困难。如果能够制订出一份合理的计划，我们当毫不犹豫地将其付诸实施。但是，如果对其进行细致审查后发现，即使我们竭尽全力，胜利希望依旧十分渺茫，那么我们就必须准备好备选方案。

3. 我们将审慎研究在法属北非（"体育家"作战计划）作战的可行性，尽快核定方案的各个细节。"体育家"行动兵力将主要由尚在美国的"波莱罗"作战行动中的参战人员组成。联合参谋部亦会仔细考量1942年秋冬季在挪威和伊比利亚半岛作战行动的可行性。

4. "波莱罗"行动计划将继续以伦敦为中心而展开；"体育家"行动将以华盛顿为中心而展开。

* * *

6月21日，午餐过后，哈里单独与我在一起，他说："总统想让您认识两位美国军官。他们在军队中声望极高，而且受到马歇尔将军和总统本人的赏识。"因此，五点时，刚刚结束与总统初次会面的艾森豪威尔少将和克拉克少将被带到我的装有空调的房间。虽是初次见面，但两位杰出少将立刻给我留下深刻的印象。我们非常愉快地谈论了一个多小时，谈话内容几乎全部围绕具有重要意义的1943年横渡海峡作战计划（后来称之为"围歼"行动）而展开，显然，他们二人对此次作战行动非常关注。为了表示我个人对参与此次行动的兴趣，我把出发前两天，即6月15日，写给三军参谋长的文件的复印件拿给他们看，我在文件中阐述了对此次计划的作战方法和规模的初步构想。至少，他们看起来对这份文件所体现的精神十分满意。在当时，我认为进攻时间应在1943年春季或夏季。我确信，他们之所以被派来与我会面是因为他们将在此次行动中发挥重要作用。于是，从那天起我就与他们两位结下了深厚的友谊，虽历经战争的跌宕起伏，但经久不衰，直至今天，我都将这份情谊珍视于心。

一个月后，在英国，艾森豪威尔将军显然急于考验我对该行动计划的热情，问我是否愿意把那个文件的副本给马歇尔将军一份。我答应了他。

* * *

晚上九时三十分，我们在总统房间又举行一次会谈，美国三军参谋长也参与其中。我们讨论了当前的海军形势以及德国潜艇在美国东海岸附近击沉船只这一惊人事件。我强烈敦促金上将立刻将护航范围扩展至加勒比海和墨西哥湾，他也完全同意我的意见，但认为最好等到有足够多护卫舰可供使用的时候。

晚上十一时三十分，我又和总统进行一次会谈，参加人员还有马歇尔、金、阿诺德、迪尔、布鲁克和伊斯梅。会谈围绕恶化的中东局势展开，我们还讨论了派遣以经过沙漠特殊训练的第二装甲部队为首的大批美军进入沙漠战场的可行性。我们一致同意这个问题应结合海

运情况仔细研究。与此同时，经总统完全同意，我当面通知奥金莱克将军，他在 8 月间可望得到受过高水平训练的、配备"谢尔曼"式和"李"式坦克的美国装甲师的增援。

* * *

与此同时，托布鲁克的陷落在全世界引起了极大反响。22 日，霍普金斯和我在总统房间与他共进午餐。不一会儿，战时情报局局长埃尔默·戴维斯带着一堆《纽约时报》来到这里。他把这些耸人听闻的标题展示给我们看，包括"英国一片暴怒""托布鲁克陷落可能会造成政府重组"和"该受谴责的丘吉尔"等。马歇尔将军曾经邀请我去参观美国南卡罗来纳州的一个美军营地，我们计划 6 月 23 日晚同他和史汀生先生一道乘火车出发。戴维斯先生认真地向我询问，考虑到国内政治局势，执行该计划是否明智？当然，这项计划已经过精心筹备。在非洲和伦敦都遭受严重灾难之时，我却在美国检阅军队，这是否会被误解？我回答道，我一定会按照原计划进行检阅，但是这样做是否会激怒二十位议员因信任问题而对政府提出抗议就不得而知。事实上，最终抗议者人数与此相差无几。

于是，第二天晚上我乘火车前往南卡罗来纳州，并于次日清晨抵达杰克逊堡。火车并未在车站停靠，而是停在开阔的平原上。那天天气酷热，我们下车后就直接去了阅兵场，这一情形让我回想起炎热天气下的印度平原。我们先走到一个遮阳棚下，检阅美国装甲兵和步兵。接下来我们观看跳伞练习，千人同时跳入空中的场景我还是第一次见到。这些士兵不但令人印象深刻，而且令人心悦诚服。他们还给了我一部无线对讲机，这是我第一次拿这么便利的工具。我们下午观看大批美军进行野外实战演习。结束后，我问伊斯梅将军（我十分感激他的这次邀约）："你觉得这次检阅如何？"他回答道："用这些军队对抗欧洲大陆的军队简直就是白白送死。"于是，我说："你这话就错了。他们可塑性强，很快就能训练有素。"我对这位东道主说，我坚持认为训练一名合格的士兵至少需要两年。两年后，我们在南卡罗来纳看到的这支军队一定会成长为一支经验丰富的作战队伍。

我必须在此处记述我在战后，即 1946 年所说的话。当时，我以个人身份在华盛顿五角大楼受到美国三军长官们的接待。

我极为钦佩美国军队的组建方式，在我看来，这是组织工作的奇迹，是即兴之作的巅峰。显然，一个强大的国家希望组建一支强有力的军队，但是，只有在金钱、时间、自律和忠诚都具备的情况下，才能达成这一愿望。然而，战前仅有几十万士兵的美国军队，在如此短的时间内迅速发展成百万雄师，这速度堪称军事史上的奇迹。

两三年前，我在美国同马歇尔将军一道检阅在南卡罗来纳州训练的一个军。我们在那里看到你们可能称之为"批量生产"的军队。这些军队在迅速运转且体系完善的"生产线"上逐渐成形，并一步一步趋于完善。我亲眼见证这支强大军队的诞生——在如此短的时间内，以极少人数为基础组成的队伍，却在各个战场上战无不胜。其他国家的士兵将会怀着无比钦佩和美慕的心情来研究探讨这一成功案例。

然而，这并不是此项创举的全部，甚至算不上最精彩的部分。组建一支强大的军队固然不易，领导和管理军队则更为困难。至今我都没能明白，也尚未有任何解释，在和平年代，仅有极少数人从事军事工作的美国是怎样做到不仅建立起庞大的陆空军队，而且能够找出领军者以及如此之多的工作人员来管理这庞大的军队，并且还能够更为迅速地将军队调到他们之前从未到过的更远的战场。

* * *

我们于 24 日下午飞回华盛顿，我在那儿收到了大量报告。

其中有一封是来自奥金莱克将军的信件：

奥金莱克将军致首相：

在如此关键的时刻，我指挥下的军队遭到溃败，您也一定因此受到严重打击，对此我感到十分愧疚。现在的形势恐怕比我一年前赴任时更为严峻，目前敌军已占据托布鲁克，这可能会给他们带来极大优势，因为敌军不仅缴获大量后备物资，而且再也无须分派军队至此地以牵制我方力量了……

就军事布置情况解释说明之后，他继续说道：

我们十分感激您和美国总统打算为我们提供的慷慨援助，并为您实施援助计划之迅速而深表感谢。毋庸置疑，美国第二装甲师是可靠的援军，从印度调遣来的"格兰特"式坦克和"李"式坦克也会为我们提供极大帮助。您保证，印度步兵师和装甲旅目前无须调回印度，这将大大缓解我在伊拉克和波斯，特别是在产油地区治安问题上的压力。特德空军中将告诉我，将调拨飞机到这一战场，以极大地增强我方的军事力量。

我个人衷心地感激您在去年所给予我的帮助和支持，而对上月造成的失败和挫折则深表愧疚，我愿意承担全部责任。

在离开华盛顿之前，为让奥金莱克放心，我表示对他完全信任。

首相至奥金莱克将军：

我告诉过你，罗斯福总统打算派遣美国第二装甲师前去支援，而且这一装甲师大概会在7月5日动身前往苏伊士运河。可是，我们发现，在下个月运送该师存在着极大困难。因此，马歇尔将军提出另一项建议，帝国总参谋长也认为你

将对这个方案更感兴趣。因为你不但能得到大量先进装备的援助，而且英国增援计划也不会受到丝毫影响。于是，我们就接受了以下提议：

美方将紧急运送三百辆"谢尔曼"式坦克和一百门一百零五毫米口径的火炮至中东。这些装备大约会于 7 月 10 日由从哈瓦那运糖船队中分拨出的两支海上辎重船队运往苏伊士运河。两支船队航行速度分别为每小时十五海里和十三海里，而且将会尽一切可能加速前进。少量美方主要工作人员也会护送这些坦克和大炮。

切勿对国内事务的发展心存疑虑。无论我对作战方法抑或是否应该早些大规模发动战争持何种看法，我对你都是完全信任，并将同你一道承担全部责任。

请转告哈伍德，我对亚历山大港过度低沉的士气、恐慌的情绪以及海军迅速撤退至红海这一系列的情况甚为忧虑。虽然可以采取各种预防措施，"伊丽莎白女王"号也应最早撤出，但是我坚信，军队一定会坚定不移、自信满满地参与作战行动。据总统从罗马所获情报来看，隆美尔猛攻马特鲁港的计划可能要延后三四周。而我认为，拖延的时间或许会更长。

我希望这次危机能够令在尼罗河三角洲的所有军事人员以及一切可参与作战的忠诚人士进入最高战备状态。你在中东地区所拥有的军力已超过七十万人，应当把每一位合适的男性都培养成为英勇善战、敢于为胜利牺牲的勇士。现在理应派遣几千名军官和管理人员增援马特鲁阵地，以扩充当地的军事力量。假如英国被入侵，那么你现在应同我们处于同样的状态，并应以同样程度的紧迫感和热烈高昂的士气参与作战。

1942 年 6 月 25 日

*　　*　　*

25 日，我会见了我方自治领代表以及印度代表，并出席太平洋作战委员会会议。当天晚上，我动身前往巴尔的摩市，我的水上飞机也停泊在此地。总统在白宫郑重地向我告别，哈里·霍普金斯和艾夫里尔·哈里曼也前来为我送行。那条通往水面的狭窄封闭的通道由美国武装警察护卫，戒备森严。空气中似乎弥漫着紧张的气氛，军官们看起来也十分严肃。在我起飞之前，有人告诉我，一名值班的便衣人员被抓到时在不停地把弄枪支，还嘀咕着要"杀掉"我，同时也说了一些不逊之词。于是，警察朝他猛扑过去，将其逮捕。事后发现，他其实是个疯子。然而，疯子对警务人员来说是一种特殊的威胁，因为他们对类似"走开"的这些命令并不理会。

为了加油，我们于第二天清晨降落在巴特伍德，饱餐一顿新鲜的龙虾之后再次起航。后来，只要饿——也就是正常的两餐之间——就吃，而且能睡就睡。我一直坐在副驾驶员的位置。飞过北爱尔兰之后，我们于拂晓时分飞临克莱德河，飞机安全降落。我的专车已经在等候，佩克——我的私人秘书之一，也在等待我的到来，与此同时，等着我的还有一大堆箱子和四五天的报纸。一小时后，我们又出发到南部。由于托布鲁克陷落，我们在莫尔顿的支持率急速下降，丢掉了一个补选的席位。

对我来说，这段日子十分不如意。我躺在床上翻看了一会儿文件就睡着了，直到四五个小时之后抵达伦敦才醒过来。睡眠真是上天的恩赐！战时内阁成员在站台迎接我的到来，不一会儿我就回到内阁办公室再度投入工作。

附　录

首相以个人名义发出的备忘录与电报

1943 年 1 月

首相致伊斯梅将军：

为何加拿大又要一万三千支步枪？他们的实力是否已增强？他们之前的损失情况如何？鉴于两师正在合并，为什么中东方面要六万三千五百支步枪？中东的步枪储备有多少？在最近的战斗中英国的步枪损失了多少？波兰军目前已获得多少支步枪？为何要向东非输送一万八千支步枪？该战区部队数量已全面减少。依照内阁意见，关于缩减国民自卫军一事，已采取了什么政策？

1943 年 1 月 1 日

首相致海军大臣：

去年商船运输成绩出色，我对此致以热烈的祝贺，所有相关方面确实可能为此成果感到骄傲。

1943 年 1 月 1 日

首相致外交大臣：

1. 你应当解释，在我们现行宪法和战时办事程序之下，我们遭到"小人物在政治事件上感情用事"的批评从未间断过，但要是完全制止这种情况，又会有人说议员和报纸没有自由，从而直接攻击国王陛下政府。民众认为我们私通达尔朗和维希政权，他们对此深恶痛绝，在工人阶级中这种感觉尤为强烈，他们认为该行为与广泛而纯朴的忠诚意志相悖，而这种意志团结了世界人民反对共同仇敌。为此，首相在秘密会议中与下议院费尽全力以求解决。你应当警告赫尔，我国舆论对于这一问题几近盛怒。一旦民众盛怒，必会与美国造成意见上的分歧并产生争论。

2. 在达尔朗事件上，我们已尽力相助；而在与维希保持联系一事上，我们也会照旧协助。但是，人们从感情角度出发，会以为光辉的军事行动已经受到玷污。我们已充分认识到局势岌岌可危。当美国人大放厥词对我们多有冒犯之时，首相无法采取有效措施，像美国国务院能钳制美国人的言论那般，让出版社和议会闭嘴。补救的办法就是修改政策，并从法国的泥沼中脱身，站到正确的立场上。

1943 年 1 月 2 日

首相致伊斯梅将军，转参谋长委员会：

1. 以 3 月 1 日为期，对德国和意大利在突尼斯的实力做出最佳评估是件十分重要的事。

2. 登陆两个月以来，轴心国已聚集两万九千名德国人和一万四千名意大利人，总人数为四万三千人。因为有一千五百人是由的黎波里塔尼亚过来的意大利人，所以其组建军队的速度并没有超过每天七百人。因而，假设他们将来组建军队的速度能达到每天一千人以上是毫无依据的。因此我们可以假设，到 3 月 1 日最多能有十万人。现有的四万三千人中包括了三千或四千的空军以及部分德国第九十军的后勤部队还有参谋等人员。据说为维持我们第一集团军的四个师，我们总共需要二十一万一千人。假设德国人和意大利人在同样的基础上工作，考虑到其交通线较短，他们也不可能用突尼斯的人力和物力组建并维持两个师以上或至多三个师的德国军队以及力量薄弱的两个意大利师，而两个意大利师的实力并不比一个旅强。这等同于四个师的力量，这样说应该没错。

3. 该军没有正常的机动能力。现在的四万三千人极度缺乏大炮和运输工具，用飞机或驱逐舰进行增援也到达不了此地。必须坚持对所有进入比塞大和突尼斯的船只进行仔细检查，进入两港的约三分之一的船只已被我方击沉。由于空袭猛烈，敌方尝试从苏塞、斯法克斯和加贝斯补给隆美尔军队几乎都不可能成功。总而言之，我们可以想到，这相当于四个师的兵力，由于装备大炮不多而且缺乏运输工具，因此无法进行远距离作战。

4. 隆美尔军队也许要向突尼斯境内撤退，而亚历山大将军和蒙哥马利将军步步紧逼。我们决不能想当然地以为，隆美尔在即将进行的战役中，以及在的黎波里的防御中一定会避免重大损伤。如果我们在2月初占领的黎波里，他就只得先退到边境，然后退到突尼斯境内。很容易预测：这一军事行动可能会发生，而且应当提供关于交通情况的报告。再者，道路可能被东方特种部队截断，也必定会因我方空袭而受到严重牵制。然而，假设隆美尔能够率领其主力部队进入突尼斯，请让我们知道，他们共会有多少人。

5. 我们知道，在12月中旬，德军人数大约为七万人，但其中大多数是空军地勤人员、供应和后勤部队，都是在两年间的沙漠战争中发展起来的。德军第十五和第二十一装甲师、第十六摩托化师和拉姆克旅的实力还不到其在阿拉曼战役时的三成，或许仅有四成。随同隆美尔在前线作战的人员绝不可能超过两万两千人。

6. 我们估计，在的黎波里塔尼亚的意军必定有七万人。但这些军队仅有少量（甚至没有）运输工具可用。在前线的两个军，即第二十军和第二十一军，对隆美尔来说却是累赘，而且他对这两个军深感担忧，因为他们很有可能被我方攻击而遭受重创。现在与隆美尔并肩作战的两支意大利部队人数不超过两万两千人。当然还有后勤部队、空军地勤人员等散在前往的黎波里的沿途，但是这些人的战斗力很低，几乎可以忽略不计。在阿拉曼战役以前，一个意大利师的实力不过与我们一个旅的实力相当而已。

7. 因此，假设隆美尔未从地中海的对岸得到增援，3月1日他进

入突尼斯境内时，其军队又未遭到重创，那么他能带走的部队人数最多不会超过相当于一个德国装甲师和一个摩托化师以及两个薄弱的意大利师的力量。

8. 所以，如上所述，我们可以得出可靠结论，3 月 1 日敌人在突尼斯的总人数不超过二十万人，其中十二万是战斗部队，或者说四五个德国师、两个装甲师，以及相当于两三个满员的意大利师，虽说这些师可以用较高的编制名称。总共是六七个师，而且运输和大炮的装备都不好。

1943 年 1 月 4 日

首相致空军大臣：

1. 扩充轰炸机的计划未能实现，我对此十分失望，而且我认为我应当事先就得到通知。

2. 我注意到，美国人至今尚未成功在德国投下一颗炸弹。

1943 年 1 月 4 日

首相致陆军大臣和帝国总参谋长：

1. 昨日，我与威克斯和盖洛韦两位将军聊了许久，他们交给我目前正在研究的那些统计表。

2. 我注意到，在第一集团军二十一万一千人的编制中，步兵仅有两万七千人。西北非方面的最近统计表明，百分之五十一的伤亡均出自该集团军第八师。显然，步兵承受的危险比该集团军包括炮兵、装甲兵以及其他战斗部队在内的其余部分多出七倍。在我们想起落在西北非步兵肩上的任务时——从登陆的两万两千八百名步兵中抽调约一万五千名精兵守住六十英里长的战线，可能还要猛扑敌人或与敌军短兵相接，还要坚守前沿阵地并承担多项其他任务——似乎该集团军的步兵部分应该相应地得到壮大。

3. 另一方面，目前有人提议削减每营的连数，从四连减为三连，同时增强这些连的实力。我能理解，但似乎保留四连更好一些，增强

每一连的实力，使其达到计划每营为三连的那种连的实力。

我还认为最好每营步兵都增加一百人。我十分清楚，也赞同让各大兵种得以飞跃发展的现代化的趋势。但当承担主要作战任务的步兵缩减到如此极端的比例，这种现代化的趋势似乎过了头。"步兵才是陆军，其他兵种只起辅助作用。"这句格言所存在的时代确实距离我们现在年代有些久远了。这就是一个轻重比例问题。有关第一集团军的数据显示：四千两百名军官和各级司令部的参谋麾下有两万七千名士兵，或者说是一名司令部的参谋麾下有六名步兵。

4. 从第八集团军进军以及进入突尼斯的可能性看，我们不需要再考虑派遣比四个师更多的兵力前往突尼斯。两个步兵师中步兵所占比重较大就行，而且最为重要的是，有丰富的步兵源供给。

5. 为了准备"围歼"作战计划的兵力，需仔细研究步兵与其他兵种所占的比例。应请约二十位指挥各营的优秀上校分别表达其对于每营实力和编制的看法。

1943 年 1 月 4 日

首相致伊斯梅将军，转参谋长委员会、国防委员会和军事运输大臣：

1. 人们定会为 1943 年头六个月的进口计划深感焦虑。截至 3 月 31 日，这五个月的进口量可能仅有一千七百万吨。据报告，到 12 月进口总量仅有一千三百万吨。美国承诺从 12 月开始每月提供三十万吨，但照目前的方式方法，至 1 月底仅能生产出五万吨。库存方面，粮食和原料都已消耗殆尽。原料供应中断将会致使军工业大规模停产，而且会最大限度地损害英王陛下政府的信誉。而现在仍有时间采取必要措施。

2. 如果从 1943 年 1 月开始实行限制，那么每月从联合王国和美国开往中东和印度的船只不超过四十艘。至 6 月底，我们便可增加三千三百万吨从而改善进口形势。如此一来，便可避免物资中断，也不致让我们仅能糊口度日，在该年度后六个月完全依靠美国履行承诺度日。我希望，各有关部门能立即对该提议加以研究。

3. 自 8 月以来，中东形势发生了翻天覆地的变化，必须对其加以考虑。西部沙漠的决定性胜利以及苏联人在南俄和高加索大量收复失地，无限期地解除了我们当时面临的主要危险。隆美尔的军队已被摧毁。开罗方圆一千英里内很快将不会有敌军的踪影，在巴尔干和各岛屿的敌方驻军除外。成立第十集团军以防御波斯和伊拉克的需求已减少，但是需求的形式已有所不同。现在可以考虑将这个集团军全部或部分用于东地中海或土耳其的军事行动。第八集团军以及埃及的英国部队已进行如下的削减：澳大利亚师已被调走，其装备被留下来；英国第四十四步兵师和英国第八装甲师已经撤销，其人员已调去补充留下来的部队。所有储备及装备必须按照实际情况加以核查。

4. 至少可以匀出三个师的装备。已经从各后勤部队里和以上所述的各师中，找到九万一千人以减少之前的增援需求。仅中东一地就有四十万吨的弹药，已在印度或正在运往印度的弹药有二十二万吨。在阿拉曼战役开始的第一个月，发射弹药仅两万五千吨。一般来说，第八集团军、第九集团军和第十集团军以及印度，必须依赖其剩余物资、储备物资以及每月四十艘船的配额维持。为表明这种办法定能成功，以及可能会进一步采取的紧缩措施，我们必须准备一个方案。另外，应当优先准备两个半波兰师的装备，因为在接下来的六个月里，这些部队是我们唯一能供给东方战场的援军，届时我们还须再次考虑局势。

5. 我们应当考虑，是否应将第八集团军中的第四印度师和第五印度师与第十集团军中的英国第五十六步兵师和英国第五步兵师互换。希望你们能就双方交换两个师或一个师的问题进行研究。

1943 年 1 月 5 日

首相致内政大臣：

非常感谢你给我看你关于殖民政策的演说草稿。我在阅读该稿时信笔写了几点评论意见。

我认为你的语气可以再自信一些。下议院在一百多年中对殖民地发展的影响，在当地居民中树立起了道德标准，为全世界树立了榜样。

事实上，我们同布尔人的纠葛源于我们坚持合理对待班图人，而且我们此时仍在阻止他们控制土著居民的领地。我们曾禁止印度发展商业，因为这或许会对人民不利。

所有帮助如果不是出于无私，便毫无价值可言，这种见解是错误的。群体之间货物和劳务的互惠交换是世界繁荣与和平的基础。维多利亚时代的英格兰本土主义者认为，所有殖民地都只是负担和责任，我相信这就是狄斯雷利在年轻时说过的在时机来临之时，殖民地便会像"成熟的梅子一样落下"。

如果我们除了纯博爱主义外绝不会从我们的殖民地获取任何益处这种说法成立，那么许许多多的人便会主张，我们最好将钱用在改善国内工人的健康和社会服务上。七八十年来，我们一直让我们的殖民地对全世界的贸易绝对开放，并没有要求丝毫的优先权，而且除正常税收外，我们也没有征收过任何赋税；恰恰是美国人用高关税政策将世界引入了歧途，考虑到以上事实，现在美国人却反过来教育我们要行为得当，真是厚颜无耻。但我并不建议你用这个句子。

1943 年 1 月 7 日

首相致空军大臣和空军参谋长：

考虑到在上个月轰炸机司令部几乎没有进行任何值得一提的飞行，而八百零八架飞机的编制中可用的而且适于作战的飞机仅有五百四十七架，未免令人吃惊。为何一千零一十架的编制和九百零九架的现役兵力中，仅有五百四十七架可供使用？

我十分理解，飞机在不能飞行的天气是不会起飞的，但是既然如此，就应当大量积蓄实力，而不是不断降低备战状态。

1943 年 1 月 7 日

首相致爱德华·布里奇斯爵士：

应由各研究部门的三军联席委员会研究以下方案。他们应当说明，这一方案会对他们的工作产生多大帮助，或者建议哪些地方需要修改。

　　尽管没人能断定对希特勒的战争什么时候能够结束，但据合理假设，该日期应是 1944 年年底之前。我们应每隔三个月便对该日期重新进行审核。但是对日战争或许要延续到 1946 年年底，并需盟国付出巨大努力。因此，研究工作的主要目标应是我们在 1944 年年底前可以采取什么行动。与此同时，我们也应着手进行不会在接下来的两年造成重大负担的研究，即使它们在 1946 年年底前不会产生成果。粗略规定一下，将十分之九的力量用于研究与今后两年相关的问题上，而十分之一的力量则用在之后的问题的研究上。在存疑的案例上，应当分别根据各自得失，谋求指导方针。

1943 年 1 月 9 日

首相致外交大臣、海军大臣和第一海务大臣：

　　麦斯基先生说我已向斯大林承诺，在 1 月和 2 月派遣以三十艘船组成的运输船队，他并没有说出实情。我做出的唯一承诺记载在我 12 月 29 日电文的第三段中，海军部也已经同意。我现在才知道，仅有二十艘船会于 1 月 17 日启航，三十艘船会于 2 月 11 日启航。我认为令人惋惜的是，海军部没有按照承诺每次都凑够三十艘船。另一方面，他们已承担起 2 月的运输任务。

　　应当告诉麦斯基，我对苏联人三番两次的挑剔已经是忍无可忍了，而且他们试图逼迫我再多给一点，但这毫无用处。我们在全世界护航舰的减少使英国商船遭到不应有的损失。据今天早晨刚接到的消息，我们的九艘大油轮中有六艘被击沉，这些油轮都满载汽油，这也是我们急需的。而它们被击沉的原因在于，我们仅能为这一重要船队提供一支包含一艘驱逐舰和少数几艘驱潜快艇的护航队。海军部曾明确表示，如果美国人不借给我们更多的驱逐舰，我们在 W. S. 运输船队 2 月起航之后，3 月中旬之前是无法运送任何东西的。对于我们而言，三十六天一个周期是唯一可行的方案。

1943 年 1 月 9 日

首相致海军大臣和军事运输大臣：

　　各种小型特殊船舶，如疏浚船、拖轮、打捞船、海底电缆敷设船等，共有多少？请告诉我所有的详细数据，这些船只供应不得延误。所有经验表明，海军造船厂的负责将领送来的要求被积压，其结果就是从作战计划上进行大量紧缩，以供应各种次要小艇和零件。

1943 年 1 月 9 日

首相致陆军大臣：

　　1. 我很高兴你正在训练士兵使用自行火炮。我已知晓引信问题现已解决，也知道试炮没有障碍。

　　2. 我本应想到，如果用自行火炮来代替反坦克枪，便可以停止制造反坦克枪及其弹药。库存现有的四万两千支枪和一千万发弹药应该足够供西南太平洋作战和侦察部队使用。确定在这种情况下，我们不值得继续以最快的速度生产这种弹药吗？

　　3. 为何要把"杰弗里斯"式步枪改名为自行火炮？"博伊"① 式步枪这个名字虽然听起来有些古怪，但也没人反对。

1943 年 1 月 9 日

首相致伊斯梅将军：

　　请保证卡特鲁将军确实同联合计划委员会或联合情报委员会探讨过突尼斯南部边界上马雷斯防线的地形和防御工事情况。这位将军在那里指挥过战斗，因此对这条防线了如指掌，我们应从他那里获得现成的情报。你应当准备好最大比例的地图，并作好报告，以便我能转交给亚历山大将军和蒙哥马利将军。

1943 年 1 月 11 日

---

　　① "博伊"式的原文是 Boys，意为"男孩"。——译者注

首相致农业与渔业大臣：

请就增产鸡蛋给我写一份计划。我得知，从农场生产的数百万吨燕麦或大麦中匀出六万七千吨，就足以恢复所有家庭饲养母鸡的饲料配给，此举可大量提升鸡蛋生产量。你在其他方面表现出色，但在这方面的失误如此巨大而明显，令人十分遗憾。

1943 年 1 月 12 日

首相致伊斯梅将军，转参谋长委员会：

应立即采取措施配备一些九点二英寸口径的远程大炮，以便从极远距离控制比塞大和突尼斯城的飞机场。我不知道此事是否已经办妥，但是应该及时送到那里。忽略此事将会产生灾难性后果。

1943 年 1 月 19 日

首相致帝国总参谋长：

战时内阁完全同意以下各项建议：

1. 在本次会议结束时举行一次记者招待会，总统和我将在会上答疑，任何新闻必须等总统离开非洲海岸之后才能发布。

2. 任命亚历山大将军为艾森豪威尔将军在整个北非地区的副总司令。

3. 可能将于1943年执行"痛击"或"围歼"作战计划，该计划指挥官应当由英国人担任。

4. 在军需和外交方面，英国负责与土耳其交涉，而美国负责同法属北非沟通。梅特兰·威尔逊将军接替亚历山大将军任中东总司令，并再度恢复在波斯—伊拉克战区的全部指挥权（这一安排不会带来多大困难，但我提议就在当地讨论这一安排）。

1943 年 1 月 21 日

［英］温斯顿·丘吉尔—著　　李国庆等—译

CHURCHILL'S MEMOIRS OF WORLD WAR II

丘吉尔二战回忆录

援苏联美

SPM
南方传媒　广东人民出版社

·广州·

图书在版编目（CIP）数据

援苏联美 /（英）温斯顿·丘吉尔著；李国庆等译.
广州：广东人民出版社，2024.8.--（丘吉尔二战回忆
录）. -- ISBN 978-7-218-17969-8

Ⅰ.K835.617=5；K152

中国国家版本馆 CIP 数据核字第 2024FZ1460 号

QIUJI'ER ERZHAN HUIYILU · YUANSU LIANMEI

丘吉尔二战回忆录·援苏联美

［英］温斯顿·丘吉尔 著 李国庆等 译 ⅃ᒪ版权所有 翻印必究

出 版 人：肖风华

责任编辑：范先鋆 唐 芸
责任技编：吴彦斌
封面设计：贾 莹

出版发行：广东人民出版社
地　　址：广州市越秀区大沙头四马路 10 号（邮政编码：510199）
电　　话：（020）85716809（总编室）
传　　真：（020）83289585
网　　址：http://www.gdpph.com
印　　刷：三河市人民印务有限公司
开　　本：787 毫米 × 1092 毫米　1/16
印　　张：10.25　字　　数：148 千
版　　次：2024 年 8 月第 1 版
印　　次：2024 年 8 月第 1 次印刷
定　　价：58.00 元